百年巨匠

但替山河添色彩

大师 吴作人

Century Masters
Wu Zuoren

贺 嘉 ◎ 著

敦煌文艺出版社

图书在版编目（ＣＩＰ）数据

但替山河添色彩：大师吴作人 / 贺嘉著．— 兰州：敦煌文艺出版社，2019.10
ISBN 978-7-5468-1825-2

Ⅰ．①但… Ⅱ．①贺… Ⅲ．①吴作人（1908-1997）—传记 Ⅳ．① K825.72

中国版本图书馆 CIP 数据核字 (2019) 第 217991 号

百年巨匠 国际版系列丛书

但替山河添色彩

大师吴作人

贺 嘉 著

总 策 划：杨继军　徐　淳　余　岚
责任编辑：赵润瑜
艺术监制：马吉庆
装帧设计：李晓玲　禾泽木

敦煌文艺出版社出版、发行
地址：（730030）兰州市城关区读者大道 568 号
邮箱：dunhuangwenyi1958@163.com
博客（新浪）：http://blog.sina.com.cn/lujiangsenlin
微博（新浪）：http://weibo.com/1614982974
0931-8773148（编辑部）　　0931-8773112（发行部）

成都市金雅迪彩色印刷有限公司印刷
开本 710 毫米 ×1000 毫米　1/16　印张 10　插页 1　字数 120 千
2020 年 1 月第 1 版　2020 年 1 月第 1 次印刷
印数：1 ~ 3 000

ISBN 978-7-5468-1825-2
定价：48.00 元

如发现印装质量问题，影响阅读，请与出版社联系调换。
本书所有内容经作者同意授权，并许可使用。
未经同意，不得以任何形式复制翻载。

目录 Contents

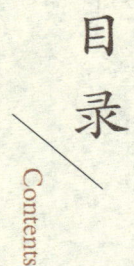

第一章　学画之初

2　第一节　家道中落
7　第二节　绘画渊源
12　第三节　师从徐悲鸿
17　第四节　南国精神
22　第五节　留学契机

第二章　求艺之路

26　第一节　艰苦求艺
32　第二节　跨国之恋
36　第三节　写实主义

第三章　蜕变之旅

42　第一节　学成归国
47　第二节　战地写生
53　第三节　泣血油画
58　第四节　边陲写生
63　第五节　第二次西行
68　第六节　盛年转折

第四章　思变之年

76　第一节　争民主，反独裁
85　第二节　惺惺相惜
93　第三节　伉俪情深

100　第四节　艺术新生

第五章　升华之美
110　第一节　受困十年
116　第二节　艺术升华
124　第三节　文化交流
131　第四节　西藏情缘

140　第五节　提携后人

第六章　巨匠之风
144　第一节　水墨画家
152　第二节　艺为人生

第一章

学画之初

XUEHUAZHICHU

若是没有那段时光,后来的吴作人或许没有那么大的韧劲儿去面对人生的诸多风云变幻,甚至无法成为几乎贯穿中国画坛整个二十世纪的巨匠。

第一节
家道中落

"南浦春来绿一川,石桥朱塔两依然。年年送客横塘路,细雨垂杨系画船。"

这首由宋代诗人范成大创作的诗歌《横塘》,读上去极具美感,短短几行字,便给我们描绘出了苏州的风景,让我们知晓了苏州的美。

"春天一到,苏州西南的横塘水边绿意盎然,枫桥与寒山寺的塔模样依旧。我不记得多少年了,每年都是在这横塘送客,眼前始终是熟悉的一幕:春雨细如丝,杨柳聚散依依,水边停泊着画船。"

历史上,不少文人墨客都不吝笔墨来描摹、赞美这座城,唐朝诗人张继的《枫桥夜泊》里"姑苏城外寒山寺,夜半钟声到客船",唐朝诗人白居易的《白云泉》里"何必奔冲山下去,更添波浪向人间",宋朝诗人范仲淹的《江上渔者》里"江上往来人,但爱鲈鱼美",说的都是有着悠久历史文化的古城苏州,小桥流水,精致园林,闻名于世,这不可复制的人文景观给人们留下了太多的想象,也成就了不少的才子佳人。

1908 年 11 月 3 日,吴作人出生于此,为苏州添上了一抹新的色彩。

那日恰是农历十月初十,逢慈禧太后生辰,可算得上是良辰吉日,其父吴调元借势讨了这个吉利,给他取名为"之寿",而"作人"此号,则取自"周王寿考,遐不作人"一句。所谓"遐不作人",是说"培养人才谋虑全",吴调元给自己的儿子取了这么一个号,多多少少是有些望子成龙的意思。而今日看来,这位对中国画坛产生了极其深远的影响的艺术家,确也不负其名。

仔细说来,吴作人出生于一个书香世家。

祖父吴长吉(1832—1884),号平畴,是名震苏州的职业画师,尤其擅长花卉翎毛;父亲吴调元(1872—1912)先是任职于上海制造局,后又任职苏州县衙司钱粮;祖母杨凤卿(1845—1935)是河北固安人氏,她是原苏州知府杨靖的堂妹,受身边人的熏陶,她本人也渐渐了解知书达理的重要;母亲王宝书(1874—1953)是江苏扬州人氏,虽不是大家闺秀,但也是一位懂得以诗礼传家、以孝悌为本的传统女子。

家中的几位长辈都是读过书且思想开化之人,出生在这样一个家庭中,吴作人的前途可谓是一片光明。然而世事难料,这种思想上的开化,却恰恰成了导致吴家家道中落的罪魁祸首。

吴作人的祖籍本应是安徽泾县,他的祖父吴长吉便出生在安徽泾县的一个小村落——茂林村。许是应了这个村名的景,那里地界虽小,却是个人才辈出的地方,多得是学富五车、思想进步的青年,吴长吉便是其中一位。1851 年,太平天国运动开始时,吴长吉十九岁,因其政见开明,倾向维新,便义无反顾地迁居江苏苏州,投奔了当时正在镇守苏州的"忠王"李秀成。吴长吉的艺术天赋本就深厚，加之苏州这座历史悠久的古城散发着的独特气息，他的艺术造诣越发地高，不久便名声大噪，成为一名著名的职业画师。可惜天妒英才，吴长吉的艺术生涯并未持续太长时间，他便于1884年去世了。

　　彼时，吴调元只有十二岁，杨凤卿秉承吴长吉的遗愿，含辛茹苦、刚柔并济地抚养、教导他，而吴调元自己也十分勤奋努力。功夫不负有心人，成年后，他先后在上海制造局和苏州县衙任职，前途大好，只是当时的中国正处在一个内忧外患的动荡时期，在新思想与旧思想相互碰撞、新主张与旧制度不断冲突、革新派与守旧派持续斗争的背景下，他成了时代进步下的牺牲者。吴调元与其父吴长吉颇为相像，皆是思想先进之人，因此在革新派主张戊戌变法时，吴调元也牵涉其中，他主张废除女性裹小脚、科举制度等封建制度，极力支持妇女放足、读书，开办新型学校。那些保守派认为吴调元是个不安分的人，将他视为眼中钉，于是密谋在一次宴会中除掉他。1912年，吴调元在宴会中遭到暗算，中毒身亡。

　　在吴调元被害之前，吴家三代人生活在一起，一家十几口人全都仰仗着吴调元和吴调元的长子吴之屏二人的薪水度日，吴调元为官，而吴之屏亦是收入颇丰的职员，一家人的生活过得倒是不错，而这一切，在1912年戛然而止。吴调元去世之后，一家人的吃穿用度便全都压在了吴之屏的身上，每月十八块大洋想要养活一家十几口人是远远不够的，况且老五吴之翰、老六吴之潘还在上学，而吴作人也即将到了入学的年纪。生活过得捉襟见肘，吴作人的祖母杨凤卿与母亲王宝书不得不开始糊火柴盒以贴补家用。为了减轻家中的负担，吴作人的大姐吴之琪远嫁到北方，一年到头见不上一次；三姐吴之琦也成了上海的一户人家的童养媳，离开了吴家。

　　即便这样，吴家的日子仍然过得十分艰难。但是吴作人的祖母与母亲都深知学习知识的重要，因此哪怕家中入不敷出，还是在吴作人七岁时将他送进江苏省第一师范学校附小读书。吴作人读到三年级时，家中实在是负担不起三个孩子的学费。当时,吴之翰、吴之潘都在上中学,再有两三年就能完成学业,若是此时辍学,便前功尽弃了,两相权衡之下,母亲王宝书只得选择让吴作人辍学待在家中,想着什么时候家中宽裕了,再将他送回学校。

至此,吴作人开始了休学在家的日子,这一休,就休了三年。三年后,吴家的生活条件有所改善,吴作人才得以进入江苏工业专门学校附中继续学习。

"那是一段十分灰暗的时光。"多年后吴作人再回忆起来仍然这样形容。

古话说"天将降大任于斯人也,必先苦其心志,劳其筋骨,饿其体肤,空乏其身,行拂乱其所为,所以动心忍性,曾益其所不能"是有它的道理的。若是没有那段时光,后来的吴作人或许没有那么大的韧劲儿去面对人生的诸多风云变幻,甚至无法成为几乎贯穿中国画坛整个20世纪的巨匠。

百年巨匠
Century Masters

吴作人作品《小孩肖像》

第二节

绘画渊源

任是吴作人自己,怕是都没有想到,正是在家休学那三年,彻底颠覆了他的人生轨迹。

母亲王宝书迫于家庭困境不得不让吴作人辍学,却并未打算让他停止学习,所以即使休学在家,她和吴作人的祖母仍然会在闲暇时间教授他学习古文,若是赶上她们忙着糊火柴盒,就把吴作人关在阁楼上,让他自己学习背诵《论语》《孟子》《诗经》《离骚》等古文,有时候一关就是一天。

背诵古文本就是一件令人烦躁的事情,更不用说要背上一天,因此刚刚休学在家的那段日子,对吴作人来说,只能用"枯燥"二字来形容。这种枯燥,在他发现了阁楼中那些新奇玩意儿后,不复存在。

吴作人作品《有凤梨的静物》

  吴作人的祖父吴长吉去世后，他的画作和画具、颜料以及一些宣纸，都得以保存下来，而这些东西恰巧被读书读得不耐烦的吴作人给翻出来了。祖父的画，不仅仅是吴作人的美术启蒙，更是他对美术产生兴趣的根本原因，他用祖父留下的东西，开启了他的艺术生涯。

  初入美术世界，所画种种不过是胡乱描绘罢了，只是有一股新奇劲儿在，周围的一切事物皆可入画——窗外的街道和人家、偶尔掠过的鸟儿、前来讨食儿的小狗……无一不成为他描画的对象。那些画好的画他都小心翼翼地保存，宝贝得不得了，但吴作人不知道，祖父留下来的颜料必须在用胶调和后才能为画固色，若是未经胶调和，画出来的画很容易掉色，所以结果可想而知。尽管这样，吴作人仍对绘画抱有想象与憧憬，也对线条的基本运用有了初步的认识。

真要计较是什么契机让吴作人进一步认识美术的，便不得不提两件事。

三姐吴之琦的归来，是其一。吴之琦自从给人家做了童养媳后，便离开苏州长居在上海的婆家了，婆家是户不错的人家，吃穿用度从不少她的，婆家人对她也是极好，甚至送她去上海的一所教会学校读书。在那里，吴之琦上过图画课，有一些美术功底在，她回家养病之时，发现这个小自己九岁的弟弟对绘画有着浓厚的兴趣且有几分天赋，便将自己在学校学到的擦笔画法教给了吴作人。用擦笔画法画出来的画比吴作人画出来的画更有立体感、更生动，这让吴作人兴奋不已，于是更加沉迷绘画。

其二，是五四运动。1919年5月4日，五四爱国运动爆发，无法忍受国耻的学生们纷纷罢课，开始了反对帝国主义、封建主义的游行、演讲、宣传活动。初时，活动的参与者只限于北京的学生，随后上海、广州、南京、武汉、天津、杭州的学生逐渐加入，甚至得到了工人的支持，宣传新思想的活动也进行得如火如荼。那时的宣传方式极其简单，无非是发传单、贴大字报、拉横幅、在墙上画漫画，而正是这些漫画，让吴作人对美术产生了另一层新的认识——教化作用，在他对美术生出了几分敬畏之心的同时，也愈发想深入地了解美术。儿时形成的观念极易保留下来，一旦保留下来，便是一辈子，这一层新的认识，多多少少潜移默化地影响着后来吴作人的诸多美术观念的形成，而他在后期逐渐形成的创作风格亦是少不得将儿时背诵的古文学、经史之学与绘画知识、技巧融会贯通。

1921年，吴之翰和吴之潘先后完成学业，吴作人这才重新恢复学业。吴作人自己当然更想朝着美术的方向发展，但他的母亲及祖母并不是特别赞成。若是搁在原来，杨凤卿与王宝书或许会同意吴作人专心学画，毕竟她二人都是开明之人，对于新思想也乐于接受，只是自从吴作人的祖父将心思放在绘画上以后，不仅没给家中带来什么财富，甚至还因为学画而耽误了考取功名，他们开始觉得凭绘画这一技之长无法谋得一个光明的前程。相较之下，她们更希望吴作人进入苏州工业专科学校附属中学学习。光是听名字便能猜到那是一所重理轻文的学校,可以说与吴作人钟情的美术完全不相干,甚至是背道而驰。

然而这也不代表吴作人打算就此放弃美术。

在校期间,吴作人得以接受正规的美术教育,不是凭借自己的想象随便乱画,也不是只学习有限的几手,绘画对于他来说,不再是一件"小打小闹"的事情。他抓紧一切机会学习,上课时也常常赖在老师左右,半步不离。正是因为他的这种用心,他才能够学到一般人学不到的本事,因为教授绘画的老师上课时更偏向于作画示范,除非必要,其他时间都鲜少开口,只有那种用心的人才能学到点儿有用的东西。

除利用上课时间学习绘画之外,他还经常跑到对面的苏州美术专科学校"偷师"——偷看那里的学生画画。一来二往,吴作人结识了很多苏州美专的学生,甚至与他们一起组织了课余美术组,跟一群有专业知识的人一起绘画,不仅学习了很多课堂以外的绘画知识,甚至极大程度地提高了他的绘画水平。

据吴作人回忆,他从未后悔在苏州工业专科学校附属中学学习过。抛开"理科不对胃口"这一点不谈,在那里,他得以系统地学习美术方面的基础知识以及音乐方面的知识,他的思维方式在学习工科的过程中亦变得愈发严谨,除此之外,他更是接触到许多科技知识,这种环境培养了他对各色事物的兴趣及包容性。

知识的累积,乍见只是丰富了他的思想,实则是潜移默化地改变了他的思想,丝丝缕缕地融入每一幅画作中,最终借由画作之手表达出来。

后来吴作人能在传统中国画的创作基础上推陈出新,将东方审美与西方写实技巧融合,并将儒、道精神与书法笔墨融入其中,形成独具特色的艺术风格,似乎与此不无关系。

Wu Zuoren 吴作人

吴作人笔下的金鱼

第三节

师从徐悲鸿

提起吴作人,不得不提起另一位画坛巨匠——徐悲鸿。

在吴作人心中,一直将徐悲鸿视为"恩师",这不仅仅是因为他的艺术入世观念来自于徐悲鸿,更多的是因为徐悲鸿赏识他、器重他,也关心他、爱护他。

徐悲鸿(1985—1953),原名徐寿康,他是一位对中国现代美术的发展做出巨大贡献的杰出画家及教育家。1917年,徐悲鸿胸怀一腔热忱远赴东京研究美术,回国后,应蔡元培之邀,担任北京大学"画法研究会"的导师。次年,徐悲鸿发表了著名的《中国画改良论》(原名《中国画改良之方法》),其中独到的见解引发了不小的轰动,至今仍广为流传。因为这篇文章,徐悲鸿得到了公派赴法留学的机会,在巴黎,他跟随著名的现实主义画家达仰·布弗莱，将西方的写实绘画技巧学习得炉火纯青。1925年，徐悲鸿带着精湛的技艺返回国内，并投身于美术教育工作。对于绘画，他提倡"求美、求善之前先得求真"；对于美术教育，他主张"古法之佳者守之，垂绝者继之，不佳者改之，未足者增之，西方绘画之可采者融之"；对于学生，他要求"尊德性、崇文学、致广大、尽精微、极高明、道中庸"。以上种种，徐悲鸿都身体力行地遵循实践，终其一生。

徐悲鸿

1925年，徐悲鸿回到中国，田汉在上海为他举行"消寒会"，向各界人士介绍并举荐他的作品，后他要举办画展的消息遍布各大报刊，吴作人就是在此时初识这位影响了他一生的恩师。

彼时，吴作人无意间在上海《时报》画刊中看到了徐悲鸿的画作，画刊详细地介绍了每一幅画作，并简单地介绍了徐悲鸿的经历，吴作人全盘认同徐悲鸿的现实主义绘画创作思想，并深深地被他的画作折服。虽未曾谋面，但因为徐悲鸿画作的出现，吴作人更加坚定了学习绘画的决心，而徐悲鸿也自然而然地成了他心中心仪的导师，他认为若是有朝一日能师从徐悲鸿学习绘画，那才是他毕生最大的幸事。

从前面诸多叙述，我们大概可以知道吴作人是个什么样的人，按照现在的话来说，他是一个有理想的人；更深层次地说，他不仅是一个有理想的人，更是一个敢于追求理想的人，对于自己的爱好或目标，他不会轻易放弃，亦不会被其他任何人的想法所左右。

1926年，吴作人进入苏州工业专科学校建筑科学习。在那里，吴作人终于开始接受比较正规的西式美术教育，只是好景不长，苏州工业专科学校的建筑科被并入了南京国立第四中山大学，面对如此境遇，他最终决定留在上海学习

徐悲鸿、吴作人、蒋兆和、田汉等人在一起

美术，原因有二：一方面，吴作人不愿背井离乡去往南京；另一方面，一颗想学习美术的心始终蠢蠢欲动，教他无法忽略。

决心已定，任凭祖母与母亲如何阻止，他都铁了心一般，甚至说出"宁愿饿肚皮，也要学画"这种话，可见他心之切、意之坚。

1927年，吴作人在报纸上看到上海艺术大学的招生启事，按照报纸上所刊登的内容，徐悲鸿将会到这所学校的美术系执教，此前的一年多的时间里，徐悲鸿一直是吴作人心中认定的老师，因此在看到此条消息后，吴作人自然义无反顾地报考了上海艺术大学。吴作人原本就有绘画天赋，况且也学了几年绘画，所以考试的过程十分顺利。就在他兴奋地以为自己能见到敬仰已久的徐悲鸿并能成为徐悲鸿的学生时，却意外得知徐悲鸿并未来此任教。

失望归失望，但好歹是终于走上了美术这条路，也得以利用更好的美术教学设施，一展他在美术上的天赋。人都说成功需得"百分之三十靠天赋，而百分之七十靠努力"，拿吴作人的经历来验证这句话再合适不过。从小学，到中学，再到上海艺术大学，吴作人的学习之路可谓是一波三折。不过，正因为困难重重，所以比起那些轻轻松松就能够得到机会的人，他更懂得珍惜，更懂得努力。在校期间从诸多学生中脱颖而出这件事自然是不必过多赘述，我们来详细说说他与徐悲鸿这段师生关系的缘起。私以为，一名学生中意一位老师这算不得是缘分，老师亦中意学生方才算缘分。

上海艺术大学美术系的老师时常将学生的作业挂在走廊上，一次，徐悲鸿被学校请来给学生讲课，下课之后，他无意间在走廊上看到了吴作人的画作——一幅素描画，徐悲鸿大为赞赏，说道："在这幅习作中已孕育着创作能力。"之后，他找到吴作人，并将自己的名片给他，甚至邀请吴作人去他家里看画。这一系列的事情，无疑是完全超出了吴作人的想象，这就好比"有心栽花花不开，无心插柳柳成荫"，他本是为了徐悲鸿才报考上海艺术大学，结果上大学后连徐悲鸿的面儿都没见着，而现在，仅因为自己的作业，便轻松地结识了这位心仪已久的老师，还得到他的邀请。或许在很多人看来，这简直就是"天上掉馅饼"的好事，然而在我看来，好运还是会留给有准备的人的，就算是金子也不是发了光便能被人看到的，"天时、地利"占全，也少不得"人和"的加持。

得到前辈的允许，吴作人就成了徐悲鸿家的常客。虽是常客，但在此时，徐悲鸿与吴作人，也只限于"前辈"和"后辈"的关系，一个欣赏，一个崇拜。真正造就他们之间这段师生关系的契机，是1927年冬天上海艺术大学的停办。这件事的发生可谓是"福祸相依"，吴作人再次无学可上，可也是因为发生了这件事，南国艺术学院才应运而生。南国艺术学院是徐悲鸿与几位好友一起创办的，因此吴作人得以在经历了几个月的无学可上的黑暗日子后，自然而然地进入南国艺术学院继续学习。

徐悲鸿十分欣赏吴作人在美术上的天赋，而真正让他喜欢上少年吴作人的，还是他的勤奋和好学，这直接导致在这之后的许多年内，徐悲鸿始终照拂支持吴作人。而于吴作人而言，从画《田横五百士》到参加南国社演剧活动，从欧洲留学到形成自己的美术观念，这一切，都是徐悲鸿促成的。

仔细思量，仅用"恩师"和"得意门生"这两个词语来形容他们之间的关系已经太过浅薄，或许"亲人"二字才更能凸显二人的情深义重。

吴作人作品《芍药花》

第四节

南国精神

　　吴作人一生都在贯彻他提出来的"艺为人生"的美术理念,所谓"艺为人生",其实与美术中的写实主义非常相像,都有创作不能脱离现实的含义,但"艺为人生"有更侧重的一点,即亲身体验和感受。

　　吴作人能够形成这样的美术观念,与南国社对他的影响有一定的关系。

　　南国社,前身为南国电影剧社,它设有文学、绘画、音乐、戏剧、电影五部,以戏剧活动为主,主要成员包括田汉、徐悲鸿、欧阳予倩、徐志摩等,它的前身很复杂,需得细细道来。

　　"南国"这一名称,还是由 1924 年田汉与妻子易漱渝在上海创办的新文化刊物《南国》半月刊而得来的。到了 1926

当时的南国艺术学院

年,田汉又联合唐槐秋、顾梦鹤等人创办了南国电影剧社,从 1926 年到 1927 年,南国电影剧社共摄制了两部影片——《到民间去》和《断笛余音》,总的来说收获颇丰。

真正让南国电影剧社成为中国文艺团体的原因,是田汉在 1927 年进入上海艺术大学文学系执教。在那里,他结识了欧阳予倩、高百岁等人,很快便成了挚友,由于大家志同道合,并且各有所长,便一起组织了"艺术鱼龙会"。《生之意志》《名优之死》等七部由田汉编写的话剧,以及欧阳予倩编写的话剧《潘金莲》,就是在那个时候开始陆续出现在舞台上的。是年冬,南国电影剧社即改名为南国社,以田汉、欧阳予倩等人为主要成员,从事文学、绘画、音乐、戏剧、电影五种文艺活动。

田汉与徐悲鸿之间的交情也很深,这一点前面有提到,早在 1925 年徐悲鸿从法国回国时,田汉就为他举办过"消寒会",并向各界人士大力举荐徐悲鸿的作品。南国社成立不久,徐悲鸿便加入了田汉、欧阳予倩之列,成为南国社的一员。时逢上海艺术大学停办,于是在几个人的共同推动之下,南国艺术学院应运而生,田汉任院长兼文学科主任,而徐悲鸿与欧阳予倩分别担任美术科主任和戏剧科主任。

在那个年代，最不缺的恐怕就是有志有为却又家境贫寒的青年了，本文的主角吴作人无疑也是其中之一。而南国艺术学院的诞生，给这些青年创造了一个实现梦想的环境——在田汉、徐悲鸿、欧阳予倩等人的眼中，南国艺术学院是为那些无产阶级青年建设的研究艺术的机关，他们希望南国艺术学院的开创能够鼓励更多的奋发有为的贫苦青年参加到他们所组织的艺术活动当中去，在宣传新文化的同时，亦能实现自己的抱负。

南国艺术学院成立后，吴作人进入美术科学习，至此，他才正式成为徐悲鸿的学生。在校期间，吴作人不仅将精力放在绘画上，同时也积极地参加着南国社的演剧活动。不得不说，吴作人天生就是为了艺术而生的，多数人只在某一方面具有天赋，而吴作人在美术、音乐、戏剧等多方面都有超乎常人的敏感度，他能为舞台画布景，亦能跟著名的音乐家张曙一起拉小提琴，甚至还会拉二胡，可以说他的艺术才能是十分全面的。

徐悲鸿对吴作人也是十分器重，这一点从他将《田横五百士》交给吴作人来画就可以看出来。《田横五百士》是徐悲鸿所画的油画画作，吴作人与另外一位同学王临乙作为徐悲鸿的助手，负责将画作放大到画布上。画布的尺寸为长

徐悲鸿作品《田横五百士》

349 厘米、宽 197 厘米，这幅画取材于《史记·田儋列传》，所画为刘邦称帝后，农民起义的领袖田横将到洛阳接受招安，他率领的五百名战士为他送行的场景，画中只诠释了一个主题——不屈不挠的精神。吴作人同王临乙两人一起从 1928 年画到 1930 年，历时两年才完成这幅历史题材的布面油画，至今仍保存完好。

理论知识学习得再好，也不过是纸上谈兵，唯有实践方能提高技艺。画《田横五百士》这幅画的过程中，吴作人从王临乙及徐悲鸿身上学习到很多：一是他对绘画风格和绘画技巧都有了新的一层认识，这种认识比他在课堂上学习到的知识还要深刻几分，在这个基础上，他的基本功也获得了极大的提高；二是人品、艺品都有所修炼，前面提到徐悲鸿要求学生"尊德性、崇文学、致广大、尽精微、极高明、道中庸"，亦遵循"古法之佳者守之，垂绝者继之，不佳者改之，未足者增之，西方绘画之可采者融之"的真谛，第一条对吴作人的人品做了极严格的要求，第二条则进一步影响了吴作人的美术"入世"观念，也间接地促成独树一帜的"艺为人生"的美术观念。

说起"艺为人生"这种观念的形成，最直接的因素应该是参加南国社的演剧、写生等经历。演剧和写生活动让吴作人逐渐意识到艺术的社会性，而时代的限制和当局对南国社的迫害，让他认识到艺术的阶级性，对于吴作人来说，他认可艺术的社会性，却断然不认同艺术的阶级性。艺术的社会性更多强调的是艺术和人民群众的关系，如果必须要找什么来比喻一下，那么用鱼和水来分别比喻艺术和人民群众则再合适不过，所谓"艺术来源于生活"也是这个道理。那么艺术的阶级性强调的是什么呢？从某一种程度上来说，它的某一部分内涵与艺术的社会性是相悖的，它弱化了人民群众的作用，更简单一点表述，就是艺术是不公平的，它在时代的影响下，已经分出了许多等级！

如此不难看出，徐悲鸿对吴作人的要求和引导，是"艺为人生"观念形成的基础，而南国社的进步文化则直接让这种想法得到进一步的升华，在吴作人的心中深深地扎了根。

Wu Zuoren 吴作人

吴作人笔下的熊猫

第五节

留学契机

古往今来，所有成功的人在成功之前的路都不会太好走。古有越王勾践卧薪尝胆、韩信忍受胯下之辱、司马迁在狱中完成《史记》；今有首富李嘉诚、联想创立者柳传志。

吴作人的成功之路也一样不例外。

走出灰暗的童年，走上美术这条路，成为著名画家徐悲鸿的学生，南国社的先进文化活动进行得如火如荼……一切似乎都在慢慢步入正轨，然而南国艺术学院所处的时期十分复杂，这也就注定了这所为广大贫穷的有志青年建设的学校的寿命不会太长。

1928年初，南国艺术学院成立之初，时局动荡，北伐战争已经开始半年有余，北洋军阀政府与国民党之间的战争不停不休。学校成立之后，反而有了战火升级的味道，蒋介石和汪精卫攻势猛烈，北洋政府节节败退，后国民党各派联合起来进行后期北伐，张作霖在退出天津向东北收缩的时候被炸弹炸死，北洋政府残存的一丝气息也彻底断了。到了6月8日，国民党军队进入北京，北洋政府的统治从此画上了句号。国民党军队入驻北京后，便开始着手实施全国统一的计划，所进行的一系列动作多多少少影响到了南国艺术学院，时逢学校的经费出现了问题，于是在政治和经济的双重影响下，南国艺术学院被迫停办。

从成立到被迫停办，南国艺术学院仅存在了半年的时间，吴作人在上了半年的学之后，再次无学可上。说来吴作人的求学之路可算是十分坎坷了，上海艺术大学和南国艺术学院都在他入学半年后停办，好在徐悲鸿对他十分照拂。1928年2月，在担任南国艺术学院美术科主任的同时，徐悲鸿也受聘成为南京中央大学艺术系的教授，于是，9月，吴作人追随徐悲鸿到南京中央大学艺术系旁听。

南国艺术学院被迫停办后，田汉便将所有的精力都放在了南国社的戏剧活动上，吴作人仍然保留着在课余时间参加南国社活动的习惯。从1928年12月至次年8月份，田汉创作的《湖上的悲剧》《苏州夜话》《古潭里的声音》《南归》《火之跳舞》《第五号病室》等作品纷纷在上海、广州、南京等地上演，这个时期南国社的戏剧尚未转向革命戏剧运动方向，所有作品都不同程度地表现了对帝国主义军阀混战以及封建势力的不满和抗议，同时传递出改革的思想。在那个革命低潮时期，曾涌现了不少像田汉等人这样的小资产阶级知识分子，他们思想先进，积极倡导宣传进步文化，然而在大时代的背景之下，每一个个体都是渺小的，那些奔走呼号就更加显得微不足道，因此他们想要寻找光明，却苦于找不到正确的出路，他们苦闷、矛盾等所有的情绪便也通过作品之口做了表达。

这个时期南国社的所有演剧活动，吴作人都会参与其中，与进步青年们来往密切,这引起了学校的不满,甚至有人监视吴作人的一举一动。在1929年的冬天,艺术系的学生会随便找了个"本校无旁听先例"的理由,将吴作人及其他两名同样来自上海的学生驱逐出南京中央大学。

这一做法让徐悲鸿十分气愤,于是他在吴作人几人无路可循之际,鼓励他们赴法留学。

十几年前的吴家与现在的吴家不可同日而语,此时吴家的女儿都找了婆家,儿子也相继长大,不仅学业有成,事业上也颇有作为,有了一定的经济基础,因此吴作人接受了徐悲鸿的建议。

在前往欧洲前,田汉为吴作人及其他两位一同被驱逐的学生壮行——在上海举办了一场画展,他撰文称赞三位青年时说:"在艺坛消沉混杂之际,他们的技巧虽无可观,而新锐的气力与意识,是能保证他们会有一个正确的将来的。"

那是1930年3月27日,吴作人此时在绘画方面也算是小有建树,田汉在此次画展上特意点评了他画的那幅《和平神下的战舰》,称赞他具有敏锐的洞察力和强烈的民族意识。

1930年4月的某一天,徐悲鸿帮助他们三人联系好了法国的朋友,并办好了前往法国的一切手续。

那一年,二十二岁的吴作人,靠着二哥给予他的一百一十块大洋,买了一张最便宜的船票,在上海外滩十六铺码头,握别了前来送行的萧淑芳等人之后,乘坐阿托斯二号轮船离开上海,开始了长达五年零五个月的留学生涯。

第二章

求艺之路

QIUYIZHILU

说到底,他终究是在慢慢壮大和填充当初那个小小的雏形,有了这些,后面的"法由我变""艺为人生"的出现才有了无可挑剔的理由。

第一节
艰苦求艺

吴作人为了学习美术,一路漂洋过海,五月方才到达法国的马赛港,随后到达巴黎。

唐代诗人王维曾在《九月九日忆山东兄弟》中感叹道:"独在异乡为异客,每逢佳节倍思亲。"虽然在巴黎吴作人不至于到孤苦伶仃的地步,然而内心的孤寂并不是添些人气儿便能有所缓解的,真正想要融入一座城市实在是太难了,否则也不会出现"漂"这个说法。所谓"漂",说的大抵就是那种"人在一处,心却在另一处,二者始终落不到一处去"的感觉。

但吴作人知道,他没有多余的时间和心思在"孤寂"上纠结,恩师徐悲鸿一而再再而三地照拂、家人的无条件支持,以及追求多年的梦想和抱负,都使他时刻牢记此番来欧洲的目的，也让他越发勤奋地学习，哪怕生活再艰苦都要不懈地努力！

事实上，到巴黎不久，吴作人就有了自己的目标——报考巴黎美术学校。巴黎美术学校是世界四大美术学院之一，报考条件十分严格，不仅录取比例小，就连年龄都有限制，当然，这不是最严格的，严格之处在于学校要求报考学生提交自己的作品集，作品应在二十份左右，其中至少有十份是原创作品。除此之外，考生还要参加三场考试，分别是实物素描、对一件作品的文字描述与评论，以及一轮面试。想要考入巴黎美术学院，就必须通过这层层筛选，其难易程度可见一斑。

对于当时的吴作人来说，恐怕只有年龄这一条符合报考要求，在作品的数量和质量方面，他都差着不止一步呢！因此，为了能够考上巴黎美术学校，他先是在中国留学生的帮助下进入巴黎自由画院学习素描，后又在南京中央大学的同学张宗禹的帮助下进入罗浮学校学习，在那里，他取得了进入卢浮宫免费临摹原作的机会。

那时是五月份，距离巴黎美术学校的考试还有四个月。在那四个月中，吴作人白天去卢浮宫临摹原作，晚上则到自由画院去速写，几乎没有什么时间休息。

卢浮宫内的雕塑、绘画、美术工艺及古代东方、古代埃及、古希腊罗马六个门类的艺术作品加起来有几十万件，不管是充斥着人文精神的作品，还是洋溢着写实主义色彩的作品，都深得他心，吴作人在惊叹不已的同时，亦是深深地艳羡。能一下子见到如此多的传世之作的机会实在是不可多得，吴作人格外地珍惜，那么他究竟珍惜到什么程度呢？卢浮宫每天开放给他们临摹的时间是早晨十点到下午三点，为了挤出更多的时间，他甚至连出去吃午饭的时间都省去了，直接拿早餐省下来的面包当作午餐，一边吃面包，一边绘画。

自由画院，顾名思义，就是自由绘画的画院，是由几位颇有名气的画家一起挂名的绘画工作室，他们提供雕塑和模特儿，供学生自由选择和速写。自由画院内部又分为几个不同的画院，每个画院的安排不尽相同，吴作人选择的是大茅屋画院，因为这里的安排与其他画院比起来更有意思、更能锻炼人。速写时间是三个小时，每个人都能收获一些东西，至于获益多少则更多取决于时间安排以及自己的努力，大茅屋画院的安排是：第一个小时里，模特儿变换姿势的频率为每半个小时一次；第二个小时里，模特儿变换姿势的频率为每二十分钟一次；第三个小时里，模特儿变换姿势的频率为每十分钟一次。虽然三个小时不算长，但显然这三个小时一点儿都不轻松，甚至听起来都有一种手忙脚乱的感觉，不过这的的确确是一个锻炼人的好办法，也是迅速提高观察的敏锐度、行动的敏捷度，以及心、眼、手的配合度的途径。其实这跟那句"狗急跳墙"的内核含义是不差毫厘的，"狗急跳墙"虽然是一个贬义词，但是仔细思量这个词语的更深层的含义，就是在形容当一个人被逼入绝境之后，潜力很容易被激发出来。

那四个月，吴作人过得很辛苦，他常常会沉迷于绘画，忘记吃饭和休息，因为过度劳累和饥饿而晕倒也是时常的事。有道是"一分耕耘，一分收获"，勤奋努力到如吴作人这般地步，若是再不能得到相应的收获，岂不是太不公平了些！

九月，吴作人在考试中取得了十分优异的成绩，如愿进入西蒙教授的工作室。潘玉良、秦宣夫等著名画家都先后在这里学习过，可惜的是，吴作人与西蒙教授无缘，西蒙教授的年纪已经很大了，早在潘玉良来此学习之时便退休了。

进入这所高等美术学府时，吴作人已经没什么钱了，他只能一边打工，一边学习，勉强能够维持生活。一个月后，吴作人与中国驻比利时公使谢寿康取得了联系，其实是谢寿康主动联系的吴作人，想要帮助他摆脱生活上的困境。在出国之前，谢寿康与吴作人有一些渊源，他曾是南京中央大学的文学院院长，也曾参加过南国社的活动，与吴作人有过很多的接触，十分了解他，也十分看好他，因此当他听说比利时皇家美术学院将有一个庚子赔款助学金名额时，便毫不犹豫地通知了吴作人，并建议吴作人报考比利时皇家美术学院。

吴作人接受了谢寿康的建议，于同年十月前往布鲁塞尔，在那里，他结识

今天的比利时皇家美术馆

了第二位恩师——阿尔弗莱德·巴思天。这位恩师对于吴作人的意义完全不亚于徐悲鸿，但是他教给吴作人的东西却又完全不同。徐悲鸿影响了吴作人的"美术入世"观念，巴思天丰富了吴作人的美术观念，一个是基础，另一个是延伸，而于吴作人而言，这二者是缺一不可的。

吴作人与阿尔弗莱德·巴思天这段师生缘无疑也是一段千里马遇上伯乐的故事。吴作人到达布鲁塞尔后不久，便在谢寿康的介绍下与比利时皇家美术学院院长巴思天教授见面了，巴思天教授看过吴作人的作业后大为赞赏，直接录取他入学，并将他放到自己的工作室学习。

上第一堂课时，巴思天教授便招呼班上的同学欣赏吴作人的画作，并且毫不吝啬地夸赞说吴作人是他们要学习的榜样。

不难看出，巴思天教授是个爱才之人，不仅如此，他还是个惜才的人，这一点，通过下面要说的几件事儿，便能做一个十分清晰的表达。

学校和老师的问题，都十分顺利地得到解决，但此时尚未到申请庚子赔款助学金的时候，吴作人在比利时的生活仍然拮据，生活是怎样都能勉强维持的，不过学习艺术，始终少不了钱的支持，光是买那些工具就需要一笔数目不小的费用。吴作人没有钱买大一点的画板和画布，一直在自己的小画板和小画布上将就，巴思天教授得知此事后，十分慷慨地签了一张大金额的支票给吴作人，告诉他缺什么就去买什么。对于这种支持，吴作人无法在其他方面给予回报，只能更加刻苦地学习，尽自己最大的努力取得一个好成绩，不辜负老师的一番苦心。吴作人也确实有那个能力，一个月后，鉴于他学习成绩优秀，又有巴思天教授的极力推荐，他顺其自然地拿到庚子赔款助学金。

这笔钱没能彻底解决吴作人的困境，却也给了他一个喘息的机会，他从此不用花心思在钱的事情上了，而开始更加专注地跟随巴思天教授学习。次年比利时皇家美术学院的全校大会考中，吴作人的作品一举斩获第一名的桂冠，并获得了金质奖章以及桂冠生荣誉。有了这些荣誉的加持，吴作人开始享有个人工作室的权利，除此之外，他所有跟作画相关的物质都可公付。

至此，吴作人在学校里也是小规模地出了名，至少已经证明了绘画也可为一条出路，而不是只能饿肚皮。只是"树大难免招风"，他的脱颖而出遭到一些人的嫉恨，最终学校以"吴作人是无神论者"为由，将他的庚子赔款助学金给取消了。这件事让巴思天十分恼怒，他与"庚款"助学金发放委员会几经周旋，才帮吴作人把助学金的名额争取回来。

尽管这样，助学金还是拖了半年多的时间才发放给吴作人。那是他去欧洲以来第一次遭受到如此不公平的对待，精神上的苦闷和生活的艰难带给他双重折磨，即便是那时，他亦未想过放弃绘画，更没后悔过选择出国这条路，他甚至在那段时间学习了一门新的艺术——雕塑，在卢梭教授的雕塑晚班里，他的成绩同样优秀。

钱，有时候真能难倒一个人，值得一提的是鲜少有人像吴作人一般，能始终固执地做喜欢的事，也鲜少有人能保持像他那么长久的、那么坚定的韧劲儿，实在难得！

Wu Zuoren 吴作人

吴作人作品《驼啸图》

第二节

跨国之恋

1931年秋，吴作人坠入了爱河。

他喜欢的人名叫李娜，是一位比利时姑娘，她非常喜欢美术，与吴作人邂逅在布鲁塞尔美术宫。

彼时，正是比利时皇家美术学院取消吴作人的庚子赔款助学金的时期，他遭遇了不公平对待，心中苦闷始终无法排解。去美术宫本是为了转移注意力、调整心态，却没想到，正当他专心致志地欣赏画作时，会与同样前来赏画的李娜撞个正着，这一撞便钟了情。

二人互相致歉，一来一往之间，十分投缘，可惜并未多言几句，李娜便被自己的姐姐给拉走了，吴作人望着她的背影，久久不能平静，甚至此后很长一段时间，那个柔和恬静

徐悲鸿看望在比利时留学的吴作人，前排右起是李娜

的身影都徘徊在他的脑海中挥之不去。但他内心的遗憾是远远多于涟漪的，因为他知道，自己与她之间，只是匆匆一面，寥寥数语，连名字都未曾交换一下，怕是同其他路人无甚区别，有了一面之缘，再想相见，无疑是难上加难。

但是，缘分这个东西，就是十分奇妙的，有缘的两个人，总能凑到一处。

不久后，比利时皇家美术学院举行院友画展，吴作人再次见到那抹熟悉的身影，他邀请她观赏了自己作的画。李娜看到吴作人的画后难掩眼中的惊喜，这让吴作人生出了一种类似于受宠若惊的感觉。更深层次地交谈后，吴作人觉得，面前这位名叫李娜的女子就是他喜欢的人，喜欢她哪里，他说不出来，他亦不知道该如何形容她，就算把"温柔、高雅、矜持……"这些词都用在她身上，也不足以完整地形容她。

而此时的李娜，也被吴作人深深吸引了。她本就喜欢美术，见惯了弥漫着鲜明的欧洲色彩的画作，再看吴作人所画的那些有特属于东方意境和味道的画作，眼神就亮了起来，连着对吴作人都多了一分崇拜。

邀约和往来随之而来，显得十分顺理成章。从1931年冬天到1932年春天，他们一起走了很多地方，足迹遍布布鲁塞尔的美术馆、公园，甚至是每一条林荫小路。

那年春天，吴作人打算向李娜的家人提亲，却没想到，李娜的姐姐坚决反对他们二人的婚事。李娜的父亲在她三岁时便去世了，母亲居住在别处，而李娜始终居住在姐姐家，姐姐就是她的监护人。李娜的姐姐不同意这门婚事的主要原因还是因为吴作人是个中国人，并不是她歧视中国人，而是因为她受到了丈夫的父亲的影响。李娜的姐夫的父亲曾是一位军官，是八国联军中的一员，从中国回去后，他便告诉家人，中国是一个十分落后的国家，这种观念在李娜姐姐的心中根深蒂固，因此当知道李娜在跟一个中国人来往时，她十分反对。

因为吴作人，李娜与姐姐之间爆发了很多场激烈的争吵，姐姐心中存在偏见，她却只相信自己亲眼看到的，她早已下定决心要嫁给这位有才华的中国青年。最终，李娜将钥匙还给姐姐，收拾行李离开了姐姐家。

1932年5月，吴作人与李娜结婚，但他们并未举行婚礼，只是邀请了一些同在比利时留学的中国同学和相熟的比利时同学到他们小小的出租屋相聚，尽管如此，他们二人的结合还是成为同学们之间的美谈。他们结婚的时候，搬进了一间新的出租屋里，新人住房，倒是喜庆不少，这都是拜好心的房东所赐，除把新的出租屋租给他们外，房东还免费为他们缝制了一套结婚礼服。如此看来，虽然那时生活拮据，但是结婚该有的东西，他们却是也没少几样。

吴作人与李娜的感情自是不必多说，二人爱好相近，志趣相投，用一个文雅一点的词语来形容的话，则非"琴瑟和谐"莫属。困扰他们的只有钱，毕竟是支起炉灶过日子，多一个人，便不能再敷衍对付，况且，李娜因为喜欢美术也进入了皇家美术学院学习，如果单靠吴作人的那一点助学金，迟早会坐吃山空。

迫于生计，吴作人去一家玩具厂打工，靠着给木制玩具上色的活计，赚得一份工钱。李娜则会在学校里会接一些做模特儿的活儿，也能赚取一笔可观的酬劳。

真正让他们生活有所改善的，还是巴思天接下的一项画大壁画的工程。事实上，那是一项入不敷出的工程，巴思天承接下来，完全是为了帮助吴作人和李娜夫妇解决生活上的困难。工程结束后，夫妇二人从万德金德勒街的小出租屋搬到帕热街的一间带有厨房和独立洗澡间的房子里。他们给新房子做了一番改造，特意隔出一间做吴作人绘画用的画厅，至此，生活才安定下来，此后的几年时光，是吴作人与李娜最为幸福和安稳的时光。

然而，这种幸福和安稳的时光并未持续很长时间，1939 年末，李娜刚刚分娩不久便病逝了，吴作人的儿子也随即夭折，本应是和和美美的一家三口，硬生生被命运撕扯得不成样子。

其实，更为众人所知晓的吴作人的夫人是萧淑芳，鲜少有人知道李娜的存在，但李娜的出现，对于吴作人来说，无疑是美好的。她那坚定不移、不掺杂任何跟国界有关的杂质的爱让他尊敬、钦佩，甚至一度成为督促他前进的动力。若不是斯人命比纸薄，今时今日流传的佳话应是有另一番景象。而李娜的离开，亦是沉痛的，过往的幸福与后来的悲戚之间形成的强烈反差，教吴作人用泣血画就了一幅幅爱的悲歌。

第三节

写实主义

吴作人十分钟爱写实主义绘画。

前面有提到,尚在吴作人只有十几岁时,他便被徐悲鸿的写实主义画作所吸引,并且全盘接受徐悲鸿的写实主义道路。

初到巴黎,吴作人得到了去卢浮宫临摹原作的机会,那里有很多十七、十八世纪的写实色彩浓厚的作品,同样使他兴奋。

后来,吴作人进入比利时皇家艺术学院学习,阿尔弗莱德·巴思天教授成为他的老师,这是促使他选择写实主义道路的最终推手。

阿尔弗莱德·巴思天在欧洲久负盛名,也是一位传奇人物,他年纪尚轻时,绘画功力便可与当时的大家一较高下。"他若是生在欧洲文艺复兴时期,定也是一位举足轻重的文艺复兴大师。"后人曾如此评判他。他是都德根姆学派创始人之一,是弗拉芒画派传人,更是一位典型的写实主义画家。他是一位能够灵活运用绘画技巧和色彩的,明明绘画风格是写实派,色彩的运用上却光明正大地借鉴了很多印象派的优点,但他画出来的东西不但不会让人觉得不伦不类,反而有一种不一样的韵味,造型扎实,形象清晰,具有非常鲜明的个人特点以及非常高的辨识度。巴思天曾有过一次去东方游历的经历,在见过东方的大河山川后,他对自己的绘画方式做了简单的调整,调整幅度最大的当属风景画和静物画,画面较以前更加奔放旷达,弥漫着浓郁的东方色彩。

从 1930 年 10 月到 1931 年夏天,一年不到,吴作人便将弗拉芒画派研究得十分透彻,运用起来也是游刃有余,《男人体》的诞生是最有力的佐证。《男人体》是吴作人在参加比利时皇家艺术学院的全院会考时创作的,是一幅典型的弗拉芒风格的油画,色彩清晰透彻,明暗层次控制得恰到好处,迎面而来的喷薄感和力量感将情趣刻画得生动而深沉,这幅画最终帮助吴作人赢得了第一名,并获得了金质奖章和桂冠生的荣誉。由此便可见,吴作人对弗拉芒画掌握到什么程度——了解油画的材料工具及其性能,有了艺术技巧和用油画语言表达世界的审美,同时也兼具弗拉芒派特有的将素描和油画色彩相结合的造型手法,真正意义上地做到了不浮于表面,紧抓其精髓。

在跟随巴思天教授学习的前期和中期,吴作人将大部分的时间都放在了学习研究弗拉芒画上,期间,他还去蹭了卢梭教授的雕塑课,并在 1933 年获得比利时皇家美术学院的雕塑构图一等奖。到了后期,他将更多的注意力转移至鉴赏北欧著名的油画上,从无到有,从起源到发展再到形成,从凡·艾克兄弟到伦勃朗,再从形象到笔触到色彩运用,油画的世界越来越丰富,每一次深刻挖掘都能令吴作人有更多的新收获。

凡是大家,都免不了走这条分析借鉴的路,但在这个过程中他们会反复思考、实践,最终另辟一条蹊径,风格得立而后地位得立,吴作人便是这样一位绘画大家。他分析每一位画家的绘画风格——凡·艾克兄弟的画雄健浑厚、奔放不羁;巴罗克的画作将人物性格刻画得细致入微,但他的画太过高贵且部分画作有一些媚俗之气;而夏尔丹的画作则以平实、朴素为主旋律……吴作人一边分析一边取舍,雄健浑厚可以模仿,细致入微可以借鉴,平实、朴素可以学习,他将符合自己的绘画风格的那些优点融会贯通,再与自己的理解揉在一起,最终形成一种独属于自己的风格。

集中看1933年到1935年期间吴作人创作的《老人》《纤夫》《缝》《哥萨克兵》《争论》《李娜》等油画作品,不难发现,那时候吴作人在绘画上已经形成一种独特的风格了:走写实主义道路,以人物和劳动为主要创作题材,色调优雅、明快,色彩层次清晰,刻画细致得当,张弛有度,最为特别之处,当属他将醇厚的中华文化底蕴融入

吴作人作品《李娜》

了西方油画中，颇有传统中国画讲究的"以形写神、形神兼备"的味道，其中《李娜》尤甚。

有些人认为，《李娜》这幅画作是吴作人的油画风格从西方化转向民族化的一个分水岭，邓福星的原话是："这幅画作虽然属于画家最初阶段的油画创作风格，但已经有了一定的过渡性，即开始向四十年代他的那种中国化风格的油画过渡了。"《李娜》的主人公是吴作人的比利时夫人李娜，是吴作人和李娜结婚后的第二年创作的，我们来仔细分析一下这幅画作。从画面上看，她有一双灵动且深邃的蓝眼睛、高挑的柳叶眉，深栗色的头发与大衣连成一片，越发衬得她身形修长，妩媚动人；从构图上看，画面对称，光影和色彩对油画的作用最大程度地被吴作人给弱化了，就连面部的光影，他也刻意淡化了。没有那么多华丽的技巧，而是回归到最简单的八个字——以形画神，以神助形。但是，不可否认的是，用单纯的手法描绘无穷的韵味，则更凸显画作中隐藏的丰富的一面，加之吴作人拿捏得恰到好处，中西方文化的结合不显得矫揉造作，反倒另有一番默契在其中。

巴思天教授曾对吴作人说："你的油画既不是弗拉芒画传统，当然也不是中国画传统，而是充满了你自己独特的个性。"他能深刻认识到西方在美术方面的进步性，但同时他也谨记中国传统美术的精髓，无论是西方绘画传统，还是中国绘画传统，都没能在他的身上实现画地为牢，换句话说，吴作人没有拘泥于这种区别之中，而是在灵活地运用这种区别。

这种灵活运用，在吴作人步入20世纪40年代后，达到一种前所未有的巅峰。西方化的油画转变成东方化的油画，洋为中用，从此，吴作人给中国传统美术的历史注入了新鲜的血液。

但总是有些东西始终不变，不是有一句话吗，叫作"万变不离其宗"，就像吴作人一直坚持的写实主义道路。在南国社的诸多经历，让他认识到艺术的社会性和阶级性，那时，艺术理念在他心中已然有了小小的雏形——艺术是入世的，是时代的，是能理解的，如果不脱离现实，写人世间至真至纯的人情，又怎么会有阶级性存在？！入世之作，需得亲尝水之深，火之热，醉山海明晦之幻，慑风雷之震，惊呼号之惨，享歌舞之欢……需得经历，方能大成。

所谓"雏形"，不过是尚不成大器的想法，是不敢说与他人听的秘密，区别在于，有些人是想想而已，有些人是铭记于心。想想而已的人一朝不得志，便再去想别的雏形；而铭记于心的人，往往韬光养晦、厚积薄发。

以前不表达，是苦于不知如何表达，跟随巴思天教授这位走写实主义道路的老师学习了几年后，他也逐渐开始创作写实主义画作，尤其是在领略了各色各样的西方美术后，他的想法便更加坚定起来，人物题材和劳动题材便能直接表达他对写实主义的执着追求。在欧洲的留学生里，鲜少有人画同样题材的作品。

说到底，他终究是在慢慢壮大和填充当初那个小小的雏形，有了这些，后面的"法由我变，艺为人生"的出现才有了无可挑剔的理由。

第三章

蜕变之旅

TUIBIANZHILÜ

落叶飘得再远，也终将归根。吴作人这片落叶，在五年前飘到欧洲，历经人生百态后，亦是感慨颇多，欧洲再怎么好，也始终不会生出归根的感觉。于是，收到恩师的来信后，吴作人当即决定带着妻子回中国。

第一节
学成归国

1935年春,吴作人在比利时皇家美术学院的学业将成,是时,他收到一封来自大洋彼岸的信,寄信人是恩师徐悲鸿。徐悲鸿在信中表达了希望他学成后回到南京中央大学任教的想法。

落叶飘得再远,也终将归根。吴作人这片落叶,在五年前飘到欧洲,历经人生百态后,亦是感慨颇多,欧洲再怎么好,也始终不会生出归根的感觉。于是,收到恩师的来信后,吴作人当即决定带着妻子回中国。

回国之前,吴作人想到在欧洲的时间已然不算短了,却始终忙于学业和生计,并未留出太多时间好好走一走、看一看欧洲其他地方的艺术风情。如此想着,回国的计划便推后

了些，他先是带着妻子去了德国、奥地利、英国、意大利等国家。他们在那里走遍了各大博物馆，参观具有浓郁欧洲风情的建筑和雕塑，李娜也是一个文艺水平颇高的女子，喜欢绘画和雕塑这一类的艺术，因此也乐于花费时间与吴作人一起游玩。说是游玩，看上去挺轻松

吴作人、李娜和友人们（前排左为吴作人妻子李娜,中为王合内,右为吕斯百妻子马光璇;后排右一为王临乙,右二为吕斯百,左一为吴作人）

的一件事儿，但是私以为，吴作人此行的目的怕是并没有那么简单纯粹，他的出发点，很大一部分应该是跟绘画有关，这也是可以解释得通的。联想一下"艺为人生"这种观念早期在吴作人身上的表现，便可略知一二，恐怕当时他的心里想的是"走出去、看到了、参与了、体会了，才可以开始思考入画"，如若不然，亦不会有后来的战地写生、敦煌莫高窟写生。抛却这一点不谈，吴作人保留的大量的速写手稿也可以成为佐证，要知道，吴作人七八十岁时仍是画板和画笔从不离手，都是走到哪里便画到哪里的。

言归正传，吴作人同妻子在欧洲"游玩"了一段时间，才动身回国，于1935年的初秋，乘坐"威尔第伯爵号"轮船到达上海，此时距收到恩师徐悲鸿的信件已四月有余，而距他离开上海已整整五年又零五个月。

吴作人回到上海后，终于见到阔别已久的亲人，一别多年，母亲和祖母脸上的皱纹又多了些许，而他的哥哥和姐姐们也纷纷因为操持家庭而多了几缕

遮不住的白发，任是吴作人自己，亦是褪去当初的青涩，有了些饱经风霜的成熟稳重。他把自己的比利时籍妻子李娜介绍给家人，早在他要同李娜结婚时，他便已经写信将这一消息告知家里人了。吴作人离家时二十二岁，背负着家人的诸多反对去往欧洲，前途未卜，如今归家时，不仅事业有成，甚至还有了另一半，家里人都高兴得合不拢嘴。

短暂的团聚后，吴作人前往南京，与恩师徐悲鸿相聚后，入南京中央大学的艺术系教授油画。

说起南京中央大学，想必大家都会想起之前提到的学校当局以"本校无旁听先例"这个理由将吴作人驱逐出校的事情，这对吴作人来说，确实是一个并不美好的回忆，但有一点是不可否认的——他曾在这里学习过，且学到的东西不是一星半点。况且教书育人这件事情本就与学校无关，他要教的是千千万万个对美术有求知欲的学子，或许这其中就有像他一样即使生活再艰难，也仍然在坚持美术梦的人。最重要的一点是，在那个时候，油画是一个外国独有的画种，在中国并不盛行，多数的画家仍故步自封在中国画上面，对油画知之甚少，也只有到欧洲留过学的学生能够将油画带回中国，但能有机会出国的又有几人？吴作人的内心深处有更广阔的视野和胸怀。既然有机会，那么他要做的就不能只是教书育人，更要把自己所学交给中国画坛，推陈出新并发扬光大；既然自诩是一位艺术家，那么他更应该把中国画坛的发展当作是自己的义务与责任。经过诸多考量，吴作人最终接受了这份工作。

再说吴作人教书一事。在教书这件事情上，他受徐悲鸿的影响颇多，每

徐悲鸿在创作

每育人时,他便能想起自己初为徐悲鸿的学生时的事情。那时,在徐悲鸿的严格要求下,他得以找到美术的正确切入点,今日才能有所作为。他深知一位好老师对学生的影响力有多大,因此,在几十年的教学生涯中,他始终秉持徐悲鸿教给他的理念,恪尽职守,育下一代又一代桃李,他不仅是一位有影响力的艺术家,更是一位了不起的、以国任为己任的教育家。

1936年,吴作人参加中国美术会。同年,他在南京中央大学图书馆举行了一次作品展,展览并非是个人作品展,而是联展,一起参加联展的还有刘开渠、吕斯百。

刘开渠自是不需要过多的介绍,他是一位雕塑大家,早年他将中西方的雕塑手法熔于一炉,他的雕塑手法写实、简练,雕塑出来的作品十分生动、准确,艺术界有两项用他的名字命名的奖项,一项是刘开渠奖,另一项是刘开渠根艺奖,其中刘开渠奖是中国雕塑界的最高奖项,而刘开渠根艺奖是中国根艺美术界的最高奖项,寥寥数语,他在艺术界的地位已十分明了,不需再多加赘述。

需要着重说的,是另一位一起跟吴作人参加联展的吕斯百。听说过他的名字的人,应该非常少,他不仅是一位画家,还是一位美术教育工作者,跟本书的主角吴作人的身份大抵一致,不同的是,他是一位在美术史和美术教育史上都被模糊掉的艺术家。吕斯百穷尽一生的时光,始终在美术教育事业上努力着、奋斗着,他教出来的学生,不比吴作人少,而他所作的油画作品,更是个性特点十分鲜明,即便是放到时代背景上任后人评判研究,也是能禁得住推敲的。只是在1949年后,由于种种历史原因,他的作品未能与人民群众之间进行足够的沟通,最终吕斯百此人模糊在时代的潮流中,连带着他的作品也一起消失了。

所以说,现代美术体系的形成,不是一蹴而就的,在漫长的开拓过程中,有些人的成就被看见、被铭记,而在那个不为我们所见的年代中,不知道有多少人是奋斗了一生,最终却被历史模糊掉的。这是残酷的,但也是最现实的,有进步就意味着有牺牲,而我们能做的就是:对于那些不为人知的贡献者,即便无法铭记，也应该感谢他们，怀着一颗感恩的心，继承，然后，发扬光大。

　　话题再回到吴作人，本次联展虽小，不过这是吴作人回国之后第一次举办画展，他十分重视。画展上的作品大多是他在欧洲时创作的油画，许多业界人士都对他的作品大为赞赏，画展结束后，吴作人可以说是"一炮而红"，这一年吴作人二十七岁，从九岁到二十七岁，十六年的时间，他终于凭借自己的努力在当时的画坛博得一席之位。

第二节

战地写生

时间到了 1937 年，这一年对于整个中国而言，是一场空前绝后的灾难，是平稳的生活走向动荡的转折点，而对于吴作人而言，这也是他的绘画风格走向中国化的一个契机，是转折点的开始。

是年，吴作人当选为中国美术会理事，第二次全国美术展览会也在这一年举行，吴作人的作品也列入其中。在画展结束后的一段时间，日本侵略者的野心逐渐暴露出来，先后侵占了我国的东北和华北地区。

然而，就是在这个生死存亡，随时都可能丧国的时期，那些所谓的美术家们都在做什么呢？他们蒙上了自己的眼睛，对窗外事充耳不闻，他们像着魔了一般模仿西方现代艺术，模仿他们的技巧，只注重外表和形式，不注重事实，完全抛弃了绘画的根本。作为中国美术会理事的吴作人恨不得能够奔走呼号，告诉那些人什么是真正的艺术家，他也确实这样做了，他的原话是："艺术家是以正义感的基础为观察的出发点，他的作品应当要赞美人生的奋斗，暴露人生的强横，描写自然中一切的真实，这真实，是艺人那自己的心灵的反映、宇宙的兴感来创造的！而艺术的动向是绝对地也是必然地跟随着社会在转移，同时转移着社会！"画作，不应该只是用来观赏的，它的最高价值应当是记录，记录社会，记录时代，记录时代下的人。今天的我们可以通过《清明上河图》来还原北宋时期的繁华景象，那么我们之后的人该用什么东西来了解我们这个时代和这个危难的时刻呢？战士们豁出性命在战场上厮杀，艺术家们怎可心安理得地享受他人嗟来之食，画笔虽为笔，但也可作刀枪！

从这些话中，便可以窥探得到吴作人的为人。他表面上是一个弱不禁风的文人，实则是个有铮铮铁骨的男子汉。用"心怀天下"这样的词语来形容他一点都不为过，从某种程度上来说，他的觉悟与弃医从文的鲁迅相较起来可是毫不逊色，这二人的想法也有着异曲同工之妙。鲁迅弃医从文，是想用文章揭露社会的丑态、抒发人民群众心中的呐喊声；吴作人想用画来记录这个国家危难的时刻，激发出每一位国人心中的勇气和力量，从而奋起反抗。瞧，多么相像，只不过，他们一个选择文字，一个选择绘画，媒介不同而已！

著名的《玄武湖上的风云》，就是吴作人在1937年创作的油画，这

吴作人作品《玄武湖上的风云》

是一幅主题宏大，具有恢宏气度的大型创作，所画的主要内容为一场战争过后，玄武湖上面笼罩着一层又一层厚重的硝烟，经久不散。整幅画面以暗色为主色调，层次分明，战争的气息扑面而来。本应是供人游赏玩乐、放松心情的地方，在日军的侵略下俨然已经成为一个血腥遍布、冷酷残忍的修罗场，与其说吴作人画的是玄武湖，不如说他画的是在日军侵略下的中国，天地间都是灰暗色的，没有一丝缝隙可供阳光照射进来。那个时候，吴作人的心情应该与这幅画作的氛围一般无二的，忧患、愤怒和控诉，除控诉侵略者以外，我想，也有一部分是在控诉自己，偏偏一个人的力量太过渺小，无法在这一方土地上搅起大风大浪，不能在朝夕之间扭转乾坤！

不久，七七事变爆发，因为这次事变发生在卢沟桥附近，后人也称这次事件为卢沟桥事变。1937年7月7日，日军在卢沟桥附近进行军事演习，借口说他们军队中的一位士兵失踪了，要求进入宛平县城搜查寻找，当时驻守宛平县城的军队是中国守军第29军，对于日军这一无理的要求他们严词拒绝，坚决不让日本军队进城半步，被拒绝的日军直接向中国守军开了枪，甚至炮轰宛平县城。这显然是一场有预谋的侵华战争，中国守军怎能乖乖地等死，因此奋起反抗，自此，抗日战争全面拉开序幕。

七七事变结束后一个月后，日军为了进一步扩大侵华战争，遂在上海发动了第二场事变，即八一三事变。经过一场七七事变，日军的手段越发残忍，接连轰炸沪宁一带，但直到八一三事变结束，日军都未能彻底攻陷上海，因此在八一三事变结束后，日军仍继续对上海展开进攻。日本军队对上海的进攻直接影响了由蒋介石统治的地区的中心地带，也就是南京。

南京中央大学受到战争的影响，校方不得不紧急做出迁校的决策，一时间人心惶惶，校内的每一个人，从领导到老师，再到学生，无一不担心害怕着。搬迁是项大工程，学校里虽不至于有上千人，但至少也有百十号人，可以说这是一支非常浩大的搬迁队伍。搬去哪里暂且不说，只队伍浩大这一条就十分危险,目标太大,万一被日寇发现,那是有生命危险的!但综合考量下来,危险虽大,却是不得不去尝试的方法,一直待在南京会更加危险。

这场搬迁,持续将近半年的时间,直到 1938 年春天,搬迁至重庆松林岗的南京中央大学才正式开始上课。

抗日战争爆发的这半年时间以来,中国军队节节败退,民国政府驻守的南京也在战争中失利,于 1937 年 12 月 13 日被日军全面占领。这之后的四十多天里,对于整个中国来说都是沉痛的,因为最为惨绝人寰的南京大屠杀就发生在这四十几天中,一场南京大屠杀过后,整个中国似乎都弥漫着鲜血和死亡的味道。

台儿庄大捷的消息就是在这个最绝望的时刻传来的,山东第五战区,由李宗仁领导的部队,在战争中一举歼灭了敌兵四万余人。要知道,当人处在绝望之中的时候,哪怕只有一丁点儿的曙光,都足以激动人心,更何况,这是一个如此振奋人心的消息!

吴作人在重庆大后方听到这个消息的时候,险些跳起来,那种兴奋完全压制不住,他迫切地想要做一些事情,为抗日战争尽一份力,哪怕是画一幅简简单单的画也好。因此,在吴作人同艺术系的其他几位和他一样兴奋的同事的共同协商下,他们决定到抗日前线写生,以此来记录下那些在前线英勇杀敌的战士。

1938 年,南京中央大学战地写生团正式成立,写生团中一共有五人,分别是吴作人、陈晓楠、林家旅(夏林)、孙宗慰、沙季同。他们从武汉出发,前往河南潢川前线,在那里开始了战地写生的生活,这是吴作人第一次去离家很远的地方进行为期较长的写生活动。

在战地写生期间,吴作人根据所见所闻创作了大量的速写,其中比较有代表性的有《战地执勤》《伤兵》《受难者》等,后来吴作人根据这些实时实地速写的画作,创作了多幅以抗日战争为主要题材的画作,像《搜索》《晨雾》《嘉陵江石门》《沙坪坝梯田》等多幅作品都是后期吴作人根据前期的速写创作出来的油画。

　　这一次的战地写生活动在一定程度上鼓舞了在前线打仗的士兵们的士气，同时也吸引了广大人民群众的注意力。写生活动结束后，写生团的速写画展于1939年初在重庆举行，由于画作所画皆为战场上的真实情况，因此画展开始后，便迅速引起热议。其中部分画作，参加了随后在武汉举办的抗日宣传画展。战争结束后，"战时中国画展"曾在世界各地巡回演出，画展的作品主要以吴作人后期创作的油画为主，包括前面提到的《嘉陵江石门》《晨雾》《沙坪坝梯田》等。

　　有了战地写生的经历后，吴作人在艺术界的地位有了很大的提升，许多画家都不约而同地举荐他做全国美术界抗敌协会的理事，由于实在无法推脱，吴作人只好欣然接受。

　　吴作人只要碰到关于美术的问题，就像个固执且坚强的孩子，这里有两层含义：一是关于绘画，他有他自己的坚持，全凭喜好也好，民族大义也罢，在他心里，始终有一座无形的天平在做衡量，天平的砝码上清清楚楚地写着四个大字——写实主义；二是跟美术有关的坎儿，他都能咬着牙挺过去，不管多困难，都义无反顾地去做，就像战地写生，其实这是一件危险的事情，前线那种地方，战争一触即发，这也就意味着，他随时可能因此丧命，但他不在乎，他把绘画看得比生命重要。

　　吴作人就是这样一个人啊，一个把绘画当作生命去经营的人！

百年巨匠
Century Masters

吴作人作品《战地黄花分外香》

第三节

泣血油画

中国有一句话叫作"嫁鸡随鸡,嫁狗随狗",这句话自古代便有了,最原始的版本应该是"嫁乞随乞,嫁叟随叟",意思是"嫁给乞丐随乞丐,嫁给老头跟老头",不管是哪一个版本,要表达的中心思想只有一个:女子出嫁以后,不管丈夫的性格如何,作为妻子,都应顺从。

比较有意思的事情是,李娜这位比利时女子竟然跟吴作人说过这句话!

那是 1935 年,吴作人刚刚收到恩师徐悲鸿的来信,他当即就萌生出回国的想法,但他没有立刻做决定,因为回国意味着李娜要到一个完全陌生的地方从零开始,甚至要跟她远在库尔特列乡下的有病在身的母亲告别。吴作人将自己的想法说给李娜听,想要征求她的意见,李娜听后果断地用"嫁鸡随鸡,嫁狗随狗"这句话来作为回答。

他们决定乘坐从意大利的里亚斯特启航的轮船"威尔第伯爵号"出发,正好借着去意大利的机会参观一下沿途各个名城的建筑、艺术,一路途经很多座城市,最后在布林迪奇上了船,向遥远的东方驶去。

到上海以后,李娜在吴作人的介绍下,一一认识了他的家人,和家人有过短暂的相聚后,夫妻二人便动身前往南京。

初到南京的两年,吴作人事业有成,夫妻二人感情和睦,生活过得四平八稳。日军发动侵华战争后,这种稳定被彻底打破。八一三事变后,日军对上海的攻击十分猛烈,攻势直逼南京,南京中央大学被迫迁校,吴作人是老师,自然是学校搬到哪里,他就跟到哪里。夫妻俩只带着简单行李和画具,便加入了西行内迁的行列,他们从安徽芜湖坐轮船到汉口,最后才到达重庆。

在重庆的生活,只能用"颠沛流离"这四个字来形容。1938年中有大半年的时间,吴作人将自己全部的注意力都放在了战地写生这件事情上,李娜独自一个人面对诸多担惊受怕,却不敢跟吴作人开口,她不想因为自己而阻碍吴作人去做他想做的事情。1939年,战火进一步蔓延至重庆,日军大肆地对重庆进行轰炸,一颗炸弹空投下来,就能将一块区域瞬间夷为平地,为了躲避轰炸,南京中央大学的老师和学生们不得不搬来搬去,吴作人夫妇亦是。

就在这个时候,李娜怀孕了。吴作人在惊喜之余难免忧虑,如今战争爆发,人们流离失所,这种日子不知道要持续到什么时候才能安定,李娜还怀着孕,那么她的身体能否经受得住如此长期且频繁的折腾?

李娜的身体底子比较不错,除了有点容易疲倦外,一切正常,胎儿也一天天地茁壮成长起来。1939年12月的一天,李娜分娩的日子到了,在此起彼伏的轰炸声中,吴作人带着妻子终于找到一家法国医院,李娜在那里生下了一个男孩。

生产过程透支了李娜全部的力气，她的身体越来越虚弱，多年未曾发作过的老病胃痉挛也发作了，本是需要补充营养的时候，李娜却什么都吃不下。半个月后，病魔无情地夺去李娜的生命，刚刚出生的男婴也因为身体虚弱随即夭折，接连失去两位至亲的吴作人仿佛瞬间老了十几岁。

细数李娜与吴作人这短暂的婚姻，你会发现，对于他们两个人来说，真正安稳幸福的生活并没有多长时间。前两年，他们在欧洲的生活十分拮据，夫妻两人为了生计不停地奔走，后来，吴作人在巴思天的帮助下做上画壁画的活儿，他们的生活才有所改善。第三年，李娜跟着吴作人来到中国，背井离乡，在南京待着的那两年勉强能称为安稳。自1937年至李娜病逝的那天，她始终过得担惊受怕，惶惶不可终日。不过我大概能够想到，直到生命的最后一刻，她都是幸福的，虽然从小命运多舛、不得安生，但至少她嫁给了一个自己喜欢的人，而且在她看来，她给吴作人留下了一个孩子。不管是从母爱的角度，还是从婚姻的角度，她离开的时候，都会是庆幸多于遗憾。

妻子和儿子离开后，吴作人始终处于极度悲伤当中，因为太过悲伤，他的左眼突然失明。1940年6月，日军的飞机在重庆上空狂轰滥炸，几乎毁掉大半个重庆，最后一处存有李娜的痕迹的地方——吴作人在重庆的住处，也没能幸免于难。他逃到一处废弃的碉堡中，在那里寄居过一段时间。

劫后余生的心悸消散后，接踵而来的是家难与国难的双重折磨，这几乎摧毁掉吴作人的大部分心力。在无数个担惊受怕、辗转反侧的夜晚，在沉痛、悲愤、绝望、无助中，他寄情于绘画，将逃亡时的所见所感通通创作出来，画就了一幅幅泣血之作。

以《重庆大轰炸》为代表的几幅作品表现的是被敌军轰炸中的重庆，画面中只看得见逃亡的人群、破败的房屋、大片的残垣断壁，和笼罩在重庆上空的硝烟，狼狈至极。其中，《重庆大轰炸》这幅画作必须要跟另外一幅《重庆大轰炸之前》放在一起，才更能明白其中的含义——《重庆大轰炸之前》画的是未被轰

吴作人作品《重庆大轰炸》

炸之前的景象,而《重庆大轰炸》画的是同一个地方被轰炸后的景象,两相对比,战争之残酷无情立刻有所凸显。

《空袭下的母亲》《黄帝战蚩尤》也是在这个时期创作的。《空袭下的母亲》画的是一位母亲在遭受空袭的情况之下失去了自己的孩子,创作这幅画的根本原因还是因为吴作人想起了自己的妻子和孩子,战争是导致他们离开的罪魁祸首,如果没有战争,妻子和儿子的身体会很强壮,药品会很充足。所有的无助、渺小和控诉都在这幅画中有所表达。而《黄帝战蚩尤》是一幅以历史故事为题材的油画,黄帝战蚩尤的故事用一句话来总结就是"黄帝历尽艰辛除掉了野心勃勃、三番两次挑起战争的蚩尤",吴作人在这个时候画出这样一幅画,就是想借历史的口来表达中国人民抗战的决心,寓意中国人最终会像黄帝擒拿蚩尤一般将日寇驱逐出我们的国土。

另外一幅值得一提的画作叫《防空洞》,所谓防空洞,是为了防止空袭造成大量的人员伤亡而在地下挖出来的洞。在今天听来,防空洞已经是很久远的东西了,但是在抗战时期,它几乎无处不在。当时的重庆市民为了躲避日军的轰炸,时常钻进防空洞中,这曾引发一起震惊国人的惨案——重庆大轰炸惨案。

《防空洞》的创作基础就是当时确实存在这样的案件,如果从这个角度去剖析这幅画,那么它便成为一种历史记录、一份历史证据,也是吴作人用画笔作刀枪、势必要记录下日本侵略者的残酷暴行的决心。

以上所述,皆是吴作人在那段时期中创作的比较有代表性和典型意义的作品,那是他对已故之人的怀念,对未亡人的激励,也是他对野心勃勃的至恶之人的谴责。篇篇写实,幅幅经典,不得不让人震惊,不得不令人佩服!真正的大家,他们的意志是难以磨灭的,因为他们早便习惯用手中的画笔来缓解内心的情绪,将心中无法排解的呐喊声转化为更有情感和力量的画作,然后交给更多人去感叹、去忧心。

当然,这并不是说,他们的创作完成了,就不会再悲伤了,相反,很多时候,他们心中悲伤的情绪比一般人都多,因为他们的心比任何人都敏感。正因为悲伤太多,他们才需要源源不断地创作,需要持续不断地发泄。事实上,因为艺术的需要,他们面对的往往都是比普通人面对的更有冲击力的画面,就像吴作人前往战地写生,他看到的是真实的画面:战争、硝烟、鲜血、伤亡、生的欲望和无数次的力不从心、无能为力。试问哪一个普通人亲眼见过一位又一位战士在自己面前倒下,尝试过空气中只有硝烟味儿和血腥味?又有哪一个普通人亲眼见过战场是何种模样?答案当然是没有的。他们只是听闻这里打了胜仗、那里吃了败仗,可吴作人看见了,甚至还将他们画下来了,留给后人去缅怀。

凡事皆有道,成为一种身份,就要做一件事。吴作人从选择成为画家那一刻开始,就知道自己应该做什么:国立,则推陈出新;国难,则不能少了他来守疆。

这些画作,确实如了他的愿,在成为证明日军暴行的证据的同时,也给后人留下一条了解那个时代的捷径。不过必须强调一下,不说这些画给后世带来了什么影响,就是在当时那个时代里,影响力也同样不可小窥,因为它们震惊的不是中国的美术界,而是整个世界的美术界!

第四节
边陲写生

吴作人曾两次到西北边陲地区写生,写生的目的很简单,他想深入了解民族力量,从而调整自己绘画风格。按说此时吴作人在中国美术界的地位已经是不可撼动的了,他的画作、画功、技巧,甚至是理念,都受到大家的一致认可,那么他为什么要调整自己的绘画风格呢?

前面有提到,吴作人他是一个特别清楚自己想要什么的人,他学绘画不是为了钱,也不是为了扬名天下,而是因为对绘画的喜欢。绘画像是时代下的一面镜子,可以用来记录某些瞬间、某些事件、某些人物;它形象生动,具有很强的教化作用,不似文字般烦琐复杂,可以很容易地将某些道理传达给所有人;吴作人最喜欢的当属绘画给他带来的感觉,

吴作人作品《天山之秋》

它像一个合格的倾听者，能够包容和承载他所有的情绪。

一旦某些事情从"别人喜欢"变成"自己喜欢"，那么所有为这件事情所做的努力，便都是在同自己较劲，与他人的赞美、赞同或是反对、批评无关。

吴作人就是在同自己较劲！

自1935年回国，到步入20世纪40年代，吴作人逐渐发现，他擅长的弗拉芒画派的风格并不能很好地适合中国的国情，个中缘由，要从弗拉芒画派的诞生说起。

弗拉芒画派诞生在北欧一代，北欧的地理条件优越，自然环境堪称世界一流，这两方面的影响，塑造了弗拉芒画派的风格——明暗层次分明，色调丰富，形也十分准确。当地人也因为自然环境与地理条件的因素形成固定的欣赏习惯和审美爱好，弗拉芒派画作才得以在欧洲立足。然而，北欧的地理环境同中国之间存在极大的差异，人们形成的欣赏习惯与审美爱好必然不尽相同。

因此，吴作人心中萌生出改变绘画风格的想法，即由西方化转向民族化，而什么样的风格适合中华民族,这正是需要他去探索的东西。

有探索之心,自然要走出去,跳出现有的绘画习惯给自己建造的牢笼,跳出所谓的"士大夫的斋轩",去到一个极尽自然真实、极尽民族文化之地,唯有在那里,方能找到最初根植于民族意识中绚丽之瑰宝。

最终,吴作人选定西北边陲,那里确实是一个极尽自然之地,隐藏其中的艺术品亦是从古时候一直保留至今的、有几千年悠久历史的宝藏,譬如敦煌莫高窟。而吴作人在深入西北之前,从未想到走入敦煌、遇见莫高窟,亦想不到它们将直接导致他走向另一个截然不同的艺术之路。

第一次去大西北是在1943年4月至10月期间,那是一次随遇而安的旅行写生,由重庆出发,走到成都,再从成都转到甘肃、青海。一路上他像个旅者一般慢悠悠地走,慢悠悠地欣赏,所见所闻皆为自然之美、民生之美,涌动着令人窒息的政治空气的重庆简直无法与之相比。一路上,画具从未离开过吴作人的手,他边走边画,画大西北弥漫着雄浑壮阔之气的高山大川,画淳朴、热情、豁达的大西北居民,速写和油画皆有所兼具。除绘画外,吴作人偶尔会作书法,以抒发对某一个人、某一个场景的感慨。

9月,他和英国科学家李约瑟、新西兰记者路易·艾黎三个人一起在当地居民的带领下深入大漠前往敦煌莫高窟。敦煌莫高窟始建于十六国的前秦时期,已经有一千六百多年的历史,是目前世界上规模最大的、内容最丰富的佛教艺术圣地,素有"东方卢浮宫"的称号。

吴作人等人此行的目的十分简单——观赏莫高窟,临摹壁画。

行至沙漠深处,初见莫高窟,他陡然生出几分想哭的冲动,一座古代的艺术宝藏坐落在他的面前,震惊、激动、感动几种情绪并存,让他兴奋不已。这与欧洲古老的艺术建筑给他的感觉完全不同,尽管欧洲的历史也很久远。欧洲有诸多久负盛名的艺术之都,欧洲的画家已经从最初的绘画中革新出几种不同的画派时中国的画家尚且对油画知之甚少,而中国泛起艺术潮流的时间尚短,因此吴作人无论如何都想不到，中华大地上存在着如此令人叹为观止的景观，无论是雕塑还是绘画，都散发着历史的气息。莫高窟让他相信，中国的艺术有其不可替代的艺术特色，这种特色永久不可复制，而纵观世界，中国是唯一一个在几千年之间几经繁荣衰败、几经分合、几经他国侵略瓜分的国家，这种历史轨迹无法复制，同样，那种无数次跌倒又无数次爬起来的民族力量亦不可复制！

只说惊叹，那么他究竟惊叹到何种地步呢？而敦煌艺术在他心中又有何种地位呢？这些问题的答案能够很容易地从他在《敦煌艺术》及《申报》之《春秋》副刊上发表的文章中找到答案。

莫高窟被他称为"世界仅有的最伟大的中国古画陈列馆"，"仅有的"和"最伟大的"两个形容词足见他的评价之高。随后他将敦煌莫高窟的出现形容为"奇迹般地出现在我面前"，被视为奇迹的事一般都是不可能发生的，让他见到敦煌莫高窟简直就是上天的一种恩赐！而他形容敦煌艺术、敦煌雕塑以及早期壁画的语言更是将赞美推向极致——"敦煌艺术是……无数艺术家与工人的匠心经营，历南北朝以迄元季，八百余载的光阴"，"塑像……虽然项断肢裂，仅存躯干，终不能晦其神功。尤可惊服者，厥为隋唐雕塑家对于解剖学之认识，对于比例动态之准确，其观察之精微、表现之纯净，实可与前千年之菲狄亚斯及普拉西特等圣手，与其后千年之唐那泰罗及米开朗琪罗辈巨匠在世界人类的智慧上共放异彩"，"北朝犷放腾动，龙飞驹奔，有挟雷霆、御风云之势"，"气韵雄拔，非必拘于线形，亦不若现代欧洲新派作风益形之不存者。至若线条之强劲活泼，人物体态之轻盈生动，实非后人所敢轻试"。

吴作人在文章中数次使用省略号，我想他在写下这篇文章时，内心一定是不平静的，他不断地思考，应该用什么样的词语来形容有关莫高窟的一切，仔细斟酌再斟酌，才严肃且崇敬地落下笔，然而即便是如此写，他也始终觉得太过浅薄，好像也才刚刚说出冰山一角而已，后人大抵只能望其项背，而难以登峰造极。

　　通过此次敦煌莫高窟之行，吴作人不仅领略了一番中华艺术之绝妙、技术之高超，他也看到了一直以来想要寻找的东西——勇猛无畏、奋发前进的民族性。那些流淌在民族骨血中的力量被表达得淋漓尽致，给吴作人带来诸多启示，逐渐与心中作为一位中国人的民族意识相融合，终于达到一个契合的点。

　　因为有所参悟，所以吴作人在这次边陲之旅结束后，创作了大量的速写、油画、水彩、素描，甚至还有几幅国画。这些画作的诞生，是吴作人绘画生涯中一个重要的转折点，同时也预示着中国美术界即将开始一场振奋人心的艺术革新。

第五节

第二次西行

第一次西行写生，给吴作人带来很多启示，同时，也在他的心中留下一个疑惑，正是因为这个疑惑，吴作人才在1944年6月，再一次踏上西行写生的道路，这一次的写生，一直持续到1945年2月才结束，和第一次写生相比，时间多了两个月有余。

到底是什么疑惑有如此大的力量呢？且听我细细道来。见到莫高窟的雕塑和壁画后，吴作人深知在过去的某一个时期，中华民族的艺术造诣一定处于一个巅峰状态，而在那个巅峰时期，是别的国家，甚至是欧洲都无法与之媲美的。若是如此这般，那么有一个问题随之而来：艺术，不是一件一蹴而就的事情，到达艺术的巅峰时期，也绝不是一跃便可

吴作人作品《齐奋进》

登顶,一定是有某种旺盛的生命力在其中支撑着!

吴作人知道,想要创作出具有鲜明的民族性特点的画作,就一定要去探寻这种旺盛的生命力的源泉,而它,必然是存在于祖国的山河湖川、风土人情中。

于是,有了第二次西行,此次出行,吴作人有了十分明确的目标——康定。其实吴作人的最初的目标是西藏,但是由于帝国主义的侵略和羁绊,1944年的西藏仍在实行"政教合一"的封建领主专政制度,尚未实现和平解放,因此,吴作人未能在这次西行时到达他心心念念的那片雪域高原,而是转而去往四川康定。

六月,正是初夏时节,吴作人顶着太阳,冒着酷暑,经过一段艰难的旅程,翻山越岭,终于来到康定。当地的居民将他安排在英国传教士顾牧师管理的福音堂住下。福音堂是个极好的地方,它的对面便是跑马山,而跑马山上有很多座寺庙,包括金刚寺、南无寺、安觉寺等,吴作人常常登上跑马山,去观赏各个寺庙内陈列着的泥塑木雕、壁画,以及唐卡。因为离得不远,所以来去十分方便。

出发前,吴作人便已经想好了如何安排这一次的西行写生,他想将更多的时间用在观察和欣赏上面,所以那段时间,他让自己完全融入藏族人民群众中去，与他们同宿一顶帐篷，同饮一壶酥油茶。

当然，深入藏族的风景和艺术这件事情是必不可少的，为了做这件事情，吴作人可是吃了不少的苦头，以下简单地说几件他在深入藏族风景和艺术时发生的、让他吃了苦头的小事。

到康定的第四个月，也就是1944年10月，康青公路刚刚修通，吴作人在当地居民的陪同下一路向北走去。车子到达康北竹庆草滩地带时，直接陷进去了，寸步难行，吴作人只好做个苦工，拿着木板往路上铺，由于木板数量很少，只能轮番铺垫，铺一次，车子也就能走出二三米，本就几公里的路，他们一边做苦力一边走，几乎走了一天，才到达目的地，最后，一行几个人都累得虚脱了！

第二件小事，发生在通天河浅滩上。吴作人一行几人去通天河浅滩的时候是秋天，康定的秋天温度很低，浅滩已经结了冰，无法通过。在这个时候，吴作人再一次成为苦力，其任务是下车凿冰，开通航道，以便通行。

后来，他们走到了一望无际的大草原，吴作人对茫茫的大草原十分感兴趣，于是便在那里逗留了几天。广袤无垠，天地间只余自己一人的感觉自然是好，只是一眼望去，连个人影都瞧不到，又何来住宿的地方呢？！一番寻找下来，只找到一个山洞，于是，在草原上的几天，那个山洞便成了他们的栖身之所。

瞧瞧，瞧瞧，一位靠笔杆子吃饭的画家，为了绘画，真的是豁出去了，不仅三番两次充当苦力，甚至住起了山洞！但是说实话，这些对于吴作人来说，都是很简单的事情，因为他亦是穷苦人家出来的孩子，并非是有钱人家的养尊处优的少爷。况且，从另一方面来说，他也乐得为艺术献身，看到壮观的景色后所得到的满足感，早便将身体上的疲惫给消除得一干二净了！

在草原的那几日，吴作人最喜欢的当属牦牛了。他对牦牛十分感兴趣，时常拿着速写本和画笔坐在一个地方观察牦牛们的生活状态，一坐就是几个小时。这几个小时中，他大部分的时间都在观察，偶尔才会低下头简单地勾勒几笔。速写本是他专门为这一次的康定之行准备的，上面画着藏族人民，画着牧场草原,不过,画得最多的还是牦牛,各种形态的牦牛,这为他在后期较为著名的牦牛写意画打下了坚实的基础。后来在西藏的"百幅唐卡工程"创作完成后,吴作人的女儿接受采访时说:"父亲一生钟情牦牛题材,他常说,牦牛特别给人一种力量,最能反映藏族人民的坚韧性格。"这时,吴作人已经不在人世。他尚在世间时,无数人好奇他为何钟情牦牛,而这个中缘由直到他离开人世后,方才被女儿吐露出来。

在沿着康青公路一路向北时,吴作人最常做的事情便是赠画。说赠画,并不是十分准确,真实情况是,路人遇到吴作人后,纷纷前来求画。吴作人也不吝啬,来者不拒,有求必应,只要有人开口,无论贫富长幼,他都画。因为他画得太像了,康藏人民还送给他一个称号——康巴的神笔妙手。

吴作人在康定住了足足有八个月的时间,当地人民都十分喜欢他。当然,这段生活对吴作人来说是一段十分美好的回忆,在那里发生的所有事情都给他带来源源不断的创作灵感,也为他独具特色的创作风格的形成产生了深远的影响,甚至可以说在这个过程中起了决定性的作用。

而与此同时,他也深知,藏族文化和艺术的博大精深远远不是通过一两次的西行便可参透的,只是因为那里地处边疆,所以人们忽略了其中的瑰丽宝藏,没能给它足够的重视。察觉到这一点后,吴作人便立即呼吁广大有志青年到西藏去,深度挖掘被人们忽视的藏族文化以及藏族在艺术方面的成就,并将它们发扬光大。因为这,美术界里有一段佳话一直流传至今——吴作人大力支持青年画家韩书力走进西藏、扎根西藏、研究西藏。韩书力同样是一位大家,在吴作人的影响下,他1973年进藏,至今尚未离开,他把大半辈子的光阴全部投注在挖掘、发扬边疆文化中,始终无怨无悔,是一位十分值得尊敬的人!

晚年时,吴作人多次与十世班禅大师见面,二人始终将推动西藏文化发展当作自己的责任,可见吴作人的民族意识多么强!

这位美术巨匠,用他多于普通人的悲悯心和责任感,推进了中国画坛的革新后，仍然不满足，还要将藏族文化发扬光大。

　　他是先行者，是实践者，更是推动者，他用这三种身份，为美术界开辟了一条新道路，却又甘愿退居幕后，让其他人来完成所有后续工作，同时，也将赞美与功名交于他人！吴先生啊，您做的每一件事情都能在无形之中震撼所有人的心！

第六节

盛年转折

吴作人晚年时,常常有人问他,这一生中有什么事情对他的艺术发展影响最大,每当有人这样问,他便毫不犹豫地回答:"西行。"

1943年到1945年,两次西行,每次西行对于吴作人来说,都有不小的收获。要说最大的收获,应当属绘画风格的改变。通过两次西行的所见所闻,以及对自然的探索,吴作人创作了大量以边疆地区风貌为题材的画作,其中包括描绘青藏牧民生活的素描、水彩、油画等,亦包括牦牛、骆驼、熊猫、猎鹰等具有雪域风情的写意画。

吴作人在这个时期创作的较为著名的作品有《打箭炉少女》《藏茶转》《青海鲁萨尔市场》《乌拉》《藏女负水》《祭青

吴作人作品《乌拉》

海》等,以下简单地介绍一下《打箭炉少女》《藏茶传》《乌拉》这三幅作品。《打箭炉少女》是一幅人物像,画的主人公是一位来自打箭炉的藏族青年妇女(打箭炉即康定,是康定的古地名),吴作人非常喜欢这幅画,从康定回去很多年后依然挂在他与萧淑芳在上海的家中;《藏茶传》是吴作人1944年创作的,是一幅极具特色的反映藏族人民生活和劳动的时代性强、艺术性强的艺术珍品,这幅画曾在巴黎东方美术馆收藏长达70年,后来在香港展出过,观众们很感兴趣,并且给出极高的评价;《乌拉》创作于1944年,"乌拉"为藏语,是"无偿劳动"的意思,顾名思义,这幅画画的主要是藏族人民在参加无偿活动时的场面,扑面而来的异域风情与如火如荼的劳动场面,给这幅画增添了些许生活气息。

仔细观察这些画,便能发现,这些油画中所运用的西方绘画技巧和表现手法明显减少,还隐隐约约地多了些中国画的味道。具体一点说,每一幅作品并不要求形上的过分准确;色调的运用趋向单一,不似从前那般丰富;造型相较于以前,更为简练,不过简练归简练,气韵内涵却是半点不失。最具有中国画味道的地方,是吴作人在绘画过程中运用了很多中国画中的线条,以及"擦"的手法。

百年巨匠
Century Masters

吴作人作品《打箭炉少女》

其实，当时中国的美术界并未提出"油画民族化"这一口号，但是吴作人已经开始了对油画民族风格的追求，在经过反思、探索等一系列的活动之后，他创造性地将西方油画艺术与中华民族美学结合在一起，最为难能可贵的是，他仍然坚持自己最初的理念，在创造性尝试的基础上，将现实生活完美地结合在其中，为中国艺术的发展开辟了一条新的道路。

这大抵是一种本能，一种艺术家天生具备或后天形成的本能。

经历这一过渡期后，吴作人开始真正地尝试中国水墨画的创作，他回忆自己开始创作中国画的原因时说道："自从我到了青藏高原生活了一段时间之后，觉得中国画反映生活的功能比油画更加概括，更含蓄而雄辩；能寓绚彩于墨韵，寄激情与无声，更易于抒发作者对生活的感受和向往，这就是我为什么画起中国画来的原因。"所以，他毫不犹豫地决定推翻原本在油画上的成就，开始从零开始潜心研究中国水墨画，这种坚定和果敢不是一般人能有的，即便是有，亦不会有如吴作人表现出来的那般勇气，因为推翻旧有的成果再研究一个新的，这中间是存在风险的，研究好了世人会说"担得起大家的名号"，一旦研究不好，难免落得一个"开始走艺术下坡路"的名声。

但私以为，吴作人在决定转折时，便已经做好所有的准备了，为何如此说？他在1946年发表的《中国画在明日》就十分清晰地表述了他的态度和决心——"中国传统作风之优秀是不待言的，不仅中国人，就是全人类也应该爱护的。但是这种传统在已经受了西方文明影响的今日中国文化里，怕只有一天天走进博物馆，而不会和今日的生活打成一片。这里我并不是说我们应该斩钉截铁地把中国过去的艺术作风和今日的中国艺术倾向切成两段，而否认艺术上传统的必然存在；可是我们得承认艺术作风的要变是跟着时代思潮的影响，工具与材料的支配，以及作家在某个时代的精神生活的不同，不断地在时期与时期，个人与个人之间，转替蜕变，而其结果，是一件不可预期的事。""中国艺术的传统是否会在我们手里断送了？决不会的。我们现在的这个时代正是中国

吴作人作品《藏女负水》

新艺术面目孕育的时代，正是作风与内容上谋新出路的时代，正是要尽量吸收外来影响来创造自己，而这种接受外来影响来建立新生命新形式的观念，因敦煌古壁画的启示而确信。至于中国艺术的新形势会不会走向欧洲二十世纪初叶的艺术倾向，完全脱离西方传统，任个人主义的发展而各自趋于极端呢？也不会的。因为中国艺术的工作者已经觉悟，至少是多数人感到西方过去四十年的为艺术而艺术是极端失败的，我们是避去'庸俗'，但同时是怕人不懂。"他随后又指出生活在这个时代下的艺术家们应该承载的艰巨任务——"如果说油画在描写对象的色彩、质感、空间关系等方面有很强的表现力，那么中国画造型的简练、概括，表明中国画的表现力达到了更加提高的境界。……我们的任务就是要把这个结合，更带有中国艺术的特色和情趣。"

这一番话说下来，十分发人深省。不仅是在告诉所有的中国人，未来他的作品，决不会丢掉中华民族的传统，还表示了他也要将他领悟到的那种区别于"文人画"所表现出来的民族力量融入进去，结合他在西方所学，创造出一种具有全新面貌的中国画；同时还指出了整个时代背景下，中国画将何去何从，为广大的艺术工作者们指出了一个明确的方向和目标。

在这里，不得不讲述一件十分有趣的事情。前面已经提到过，吴作人在挖掘大西北的文化和艺术特色方面，是先行者，是实践者，亦是推动者。之所以将这么大的一项帽子扣在他的头上，是因为他在西北之行时创作的画作横空出世以后，在美术界翻起一阵不小的风浪，加之有上文提到的一番言论，美术界直接掀起一波开发西部文明、发掘石窟艺术的热潮。大批的艺术家纷纷赶赴西北，去领略西北地区的文化特色，其中较有代表性的人有常书鸿、董希文等人，他们的感受与吴作人基本是相同的，西北的生活和宗教艺术给他们的创作提供了源源不断的灵感。从一定程度上来说，吴作人是这条路的先行者，而真正造就这条路的，是无数个生活在那个时代的艺术家。这不仅是一件有意思的事情，更是一件有重要意义的大事，因为，中国油画学派的创立就是从那时候开始的。

水墨画的创作，对于吴作人来说，原本是一种尝试，不料这一尝试便一发不可收拾，甚至在步入20世纪50年代后，吴作人便将绘画重心转向水墨画，因为他发现中国水墨画与他的心境更为契合，他想要的那种表达，水墨画都能给他，相比之下，西方油画就稍显逊色，无法对画家的内心世界做一个淋漓尽致的表达。吴作人尝试水墨画的创作初期，留下的作品较少，如今能找到的完整的也只有《斗狗》《姑娘追》《藏舞》等几幅，但不难看出，即便是初涉水墨画这个相对陌生的领域，他的画作依然兼具神韵与风范。吴作人能有这样的功力，要归功于他在莫高窟临摹壁画的经历，大量的临摹，让他逐渐领会并掌握了中华民族绘画的审美特征，同时也学会如何通过画作去表达数千年的历史中所蕴藏的民族精神与情感，并快速地将它们融会贯通，而后加以运用。

1945年，吴作人返回重庆之前，在成都举办了"吴作人旅边画展"，回到重庆后，又举办了"吴作人画作回顾展"，展出的作品以他在大西北写生时所创作的作品为主。在吴作人之前，尚且无人创作出这种具有独特风格的画，因此，画展的举办，成功地打破了后方美术创作上沉闷守旧、一味地模仿西方油画的局面，令人耳目一新的色彩构图、绘画技巧，以及通过对边疆地区风貌的刻画所展现出来的雄浑壮阔、奋发向上的民族气息，无一不让人惊艳、称赞。虽然当时很多从未接触过边陲的人对画中那些带有传奇色彩的内容很陌生，但或多或少也能称为"略有耳闻"和"想象"过的，因此，能够产生一种浑然天成的亲切感！

总结来看，吴作人的美术生涯中存在两个重大转折点，这两个转折点衔接了他从事美术事业以来的三个时期，即"从单纯的画西方油画"转向"将中西方绘画技巧及理念熔为一炉"，再转向"将绘画的重心转移至中国水墨画的实践与研究中"。第一次转折很明显是以两次西行写生为分水岭的，虽然在此之前，吴作人也创作过几幅将中西方的绘画技巧和理念融合到一起的画，但画的整体感是偏西方的，而转折之后的整体感则是偏向中国的。第二次转折，虽不是以西行为直接契机，却是以西行为基础的，前面也提到，吴作人在西行时期，便已经开始接触水墨画；其次，从吴作人的水墨画作品中，也能窥探一二：大量的以骆驼、牦牛、鹰、熊猫为艺术形象的水墨写意画，素材都是来源于他在西行写生时积累的，以多幅速写为原型，加以二次创作。

在重庆直面战争时，他曾阐述过自己的观点："一件艺术品就是它能够表现一个民族，表现一个时代，表现一个环境……唯其因为他有这些要素，才可以从一件艺术品里看到一个民族，看到一个时代，看到一个环境……所以艺术的动向是绝对自然地，也是必然地跟着社会在转移，同时转移着社会……只要艺术家有了充分的心灵和技艺的修养，到处都流露出时代的呼声。"这种观点，在抗战时期有所实践，而在两次转折后，这种观点终于得到真正意义上的升华。

第四章

思变之年

SIBIANZHINIAN

具体来说，吴作人的艺术新生代应该在20世纪60年代，而整个20世纪50年代则可统一称为是一个"过渡年代"，因为这十年里，他用来探索文化的时间远远多于创作的时间。

第一节
争民主，反独裁

　　1945年2月，吴作人离开康定返回重庆，彼时，抗战形势大好，人民群众中一片欢呼雀跃的声音，每个人的眼睛中，都闪烁着激动和希冀的光芒。

　　然而，国民党的统治下的大后方艺术界中却是叫苦声连连——国民党政府利用职权控制了多个城市的美术协会，艺术家们俨然已经失去绘画自由，一切行为全凭国民党政府支配。于是，很多画家自发地组织在一起，与国民党之间展开"争取民主，反对独裁"的斗争。吴作人回到重庆时，这种斗争正进行得如火如荼，吴作人深知自由民主对于一位艺术家的意义，因此也十分积极地参与到其中，他不仅参加那些画家们组织的活动，甚至与曾经的同事刘开渠等人一起在成都成立了"中国现代美术会",用来与国民党控制下的四川美术学会相抗衡。

　　同年5月,吴作人在四川成都举办"吴作人旅边画展",12月,在重庆举办"吴作人画作回顾展",展出的主要画作为他在西北写生时创作的作品,以及部分临摹的敦煌莫高窟壁画。他的画犹如春风给美术界送来了春天的气息,明明笔墨洒脱、自由、奔放,却能见其造型之严谨;明明画的是气势宏伟、雄浑壮阔的藏族风情,却处处流动着抒情写意的气息。许多美术界的同行纷纷交口称赞,他们惊于吴作人的大胆,竟然敢将东方和西方这两种完全不同的绘画体系熔于一炉,最不可思议的是,二者竟然融合得恰到好处,不多不少、不偏不倚。最终,这两场画展还引来恩师徐悲鸿,以及一众大家,诸如郭有宇、陶行知、郑君里等人,他们先后在蓉渝两地撰文评述,对当时整个美术界的影响非常大。

　　吴作人在重庆举办"吴作人画作回顾展"的前四个月,即1945年8月,抗日战争终于结束,日本无条件投降。胜利的喜悦席卷了中华民族的每一寸土地,吴作人亦是激动得不能自已,这份激动冲淡了他在想起亡妻与早早便夭折的幼子时的沉痛。

　　吴作人在抗日战争结束后的第二年,1946年2月,乘轮船从重庆回到上海,回到他母亲身边。战争太过残酷,时间在逃难和保命之间倏忽而过,他甚至没能有机会回上海,尽一个儿子的孝道,陪在母亲身边的一直是他的兄长和姐姐。望着母亲满是皱纹的脸和满头的白发,吴作人心中生出无限的愧疚之情,因此在上海期间,他经常陪在母亲身边,照顾她的饮食起居。

　　原本以为,日本发动的侵华战争对于中国来说是最大的灾难,只要抗日战争结束,整个国家都将迎来一片曙光。然而,令人意想不到的是,随着日本帝国主义退出中国近代史的舞台,国民党政府的黑暗残暴且独裁的统治日渐凸显,艺术家们非但没有好好享受一番胜利的喜悦,反而加重了心头上的压力和担忧。

　　于是,吴作人回到上海以后,继续做着与国民党做斗争的工作——他和张光宇、丁聪等人一起创立了"上海美术作家协会",独立组织画展,与当时国民党控制的"上海美术会"抗衡。期间,他先后在《申报》《时代日报》等期刊发表文章,著名的有前面提到的那篇类似于宣言的《中国画在明日》、描写西行时对敦煌莫高窟所作的临摹及心得的《敦煌的艺术》,以及《读了"一个美国人对现代中国画家的意见"以后的几句话》,文章虽不多,但在几篇文章中,他对西方美术体系和中国美术体系都做了剖析,指出西方美术中的优点和弊病、中国画目前的发展中存在的问题,以及中国画未来的发展方向,这些言论对于之后中国画的发展,有着举足轻重的推动作用。

1946年5月,"吴作人边疆旅行画展"在上海举办,此时沦陷多年的上海初见曙光,吴作人创作的那些具有时代影响意义的作品像一阵风一样吹散了笼罩在上海上空的阴霾,受到一致的好评。这次画展上,他遇到了十七年未见的老同学萧淑芳,二人有着相同的身份、相似的经历,大抵是这个原因使然,重逢那一日,他们互相诉说了自己在十多年中的遭遇后,二人惺惺相惜,渐渐对彼此心生情愫。这段恋爱一直持续了两年的时间,两年后,随着萧淑芳追随吴作人到北平这件事的发生,有情人终是成了眷属,从此成就了一段美术界广为流传的佳话,至于个中细节,留待后文加以叙述。

1946年8月,徐悲鸿向吴作人发出了邀请,希望吴作人能够与他一起前往北平,接管日伪的"临时大学第八分班"。自徐悲鸿跟他说了此事后,吴作人始终心绪难平,一颗想要答应的心蠢蠢欲动。一方面吴作人是十分喜欢教书育人的,前些年在南京中央大学教书的经历,他始终记忆犹新,可惜抗日战争爆发后,南京中央大学地处沦陷区,几次搬迁之地,也相继受到日军的侵略与破坏,那种和学生们一起画画、一起写生的日子终究还是远去了,这是他心中一直存在的一件憾事;另一方面,如今中国的美术正处于一个重要的转型时期,随着西方美术体系逐渐传入中国,越来越多的画家进入迷茫的状态,不知该如何在外来文化与本民族文化之间掌握平衡的尺度,无法将二者很好地融合在一起,吴作人自知自己在这一方面算是有小小的建树，若是成为老师，他便能在年轻一代尚未面对这些抉择时将自己的思想灌输给他们，避免他们日后走弯路，同时也能让他们谨记：不管何时何地，始终是中华文化最为博大精深，其中需要参悟、继承、发扬的东西怕是再历经一个千年，也不可能完全吃透！

出于对这两方面的考虑，吴作人最终接受了徐悲鸿的邀请，在八月的某一天，他与徐悲鸿夫妇一同前往北平。

接管"临时大学第八分班"后，他们将其恢复成为国立北平艺术专科学校，吴作人任油画系教授兼教务主任，而徐悲鸿任校长。前面提到，徐悲鸿无论是在绘画上，还是教书育人上，都有一套自己的主张，这样的习惯同样也延伸到办学上面，在任国立北平艺术专科学校的校长期间，他也有一套自己的主张——重才纳贤。所谓"重才"，这一点十分容易理解，毕竟若不是因为重才，即便是有一双慧眼，他也未必能够与吴作人结识，那么吴作人的人生怕是另外一番迥然不同的景象了，而中国画坛在20世纪的发展亦不知将何去何从。而提出"纳贤"，则是因为他对学校的长远发展有过一番深思熟虑，古有"任人唯贤，国运方能长远"，放到今时今日，亦是颇有其道理的，只有师资为贤，学校才能有所发展。

我们来细数一下国立北平艺术专科学校出众的师资力量——王临乙、宋步云、李可染、王静远、董希文、叶正昌、齐白石、高庄、孙安慰、李宗津、宗其香、刘铁华、艾中信……这些只是其中的一小部分，瞧瞧这些人，多是在美

吴作人与徐悲鸿、齐白石、李桦

国立北平艺术专科学校

术界有一定地位的人！以下简单地介绍几位比较有代表性的人。

齐白石自是不需要过多地介绍，当初为了革新国立北平艺术专科学校的教学，徐悲鸿特地带着吴作人与李桦两人前往齐白石的家，请他到学校任教；李可染亦是大家，他是中国近代杰出的画家，齐白石的得意门生，以山水画、人物画、动物写意画见长，四十九岁时，他为了推进山水画的改革，曾进行了一场行程达数万里的旅行写生；宗其香，是20世纪杰出的画家、美术教育家，擅长人物画、山水画、花鸟画、版画、油画及水彩画，他曾在1942年创作夜景山水画，打破了传统山水画不能表现光的限制，开创了中国山水画向现代化的转型；"王临乙"这个名字，想必大家会觉得耳熟，他曾与吴作人一起师从徐悲鸿，当时将手稿《田横五百士》放大到画布上的工作，便是他与吴作人一起完成的，时隔多年，他早已成为一位雕塑家，是中国现代雕塑艺术及现代雕塑教学的开拓者之一；孙安慰此人，虽然他在绘画上的建树远不及吴作人、王临乙等人，但是犹记得在1938年6月，一位名叫孙安慰的青年，与吴作人一起，赶赴河南信阳至潢川前线，进行战地写生，一个有勇气、有责任心、以民族之任为己任的人，谁又能说他不会是一位贤师呢？！

在国立北平艺术专科学校任教期间，吴作人一直在坚持的事情，其实与在重庆、上海时所坚持的事情，没有很大的区别。他一样坚持在报刊上发表文章，企图通过文字的力量宣传自己的主张,即"进步美术家需深深地融入人民中去,融入他们的生活中去,坚持走革命现实主义道路",他说:"战争时代的后方进步美术,早已不是清赏的玩品,而是可歌可泣的史诗,或者是介绍中国向来不被人注意的边区人民生活的牧歌。我们不能否认,美术已经跳出了它的牢笼、士大夫斋轩,迈步到血溅的战场,广发的边地,深入到从未接触过艺术的民间。"另外一方面,吴作人与徐悲鸿等进步的美术家,一起组织创办了"北平美术作家协会",并担任理事长,与国民党政府当局控制的"北平美术会"相抗衡,大概不用我再用太多的言语来描述,各位看官们也能发现吴作人与国民党政府的独裁专制做斗争的决心——在成都时,参与组织"中国现代美术会"与国民党控制下的"四川美术协会"抗衡;回了上海,又组成"上海美术作家协会",试图抵制国民党御用的"上海美术会";现在到了北平,仍然坚持参与组织"北平美术作家协会",打击"北平美术会"。

　　吴先生啊,他有他自己的坚持,这是一般人无法理解的。他心里其实装着很多很多东西,想要做的事情也有很多,但无论是他内心装着的,还是他想做的,都是万变不离"美术"这个根基。仔细想想,吴作人确实是把自己的一生都奉献给了美术及美术教育事业,像一只勤劳的小蜜蜂一样,为了采蜜不眠不休,辛勤耕耘。

　　在教育上,他同样耗费了很多精力,不仅在课上教授学生美术知识,课下也时常带着学生一起进行美术实践。当时学校里有一批思想十分进步的学生,对于独裁专制、野心勃勃、打败了日寇后将枪口转向自己国人的国民党政府颇有微词,他们一起组织了"反内战、反独裁、反饥饿"的反抗活动。对于这一活动,吴作人是十分支持的,他时常鼓励学生"坚持到底"。

　　谁料,这一行为,彻底激怒了国民党政府。在国民党政府的眼中,吴作人成了一位激进分子,从成都到上海再到北平,他三番两次地挑战他们的底线,只是考虑到他在绘画方面的成就以及他在画坛当中的声望,他们一直睁一只眼闭一只眼，放任他的行动，然而他不仅不知收敛，甚至更为放肆，鼓励自己的学生进行"反内战、反独裁、反饥饿"的斗争。学生运动的影响力到底有多大，从"五四运动"中就能窥探一二。开始可能只是一个地区的一部分学生，逐渐就会演变成一个地区的所有学生，然后所有地区的所有学生都会加入到其中来，甚至还可能会引起各行各业的工人们的支持。

于是，国民党果断地采取措施——派特务去监视吴作人的一举一动，一旦他再有什么过分的举动，便除掉他。

受人监视的那段时间，十分难熬，每天除了在学校授课以外，什么都做不了。徐悲鸿亦觉得，这样的日子继续下去，对吴作人无任何好处，于是便通过自己的关系，帮助吴作人在国外安排了几场访问和画展，如此，才使吴作人逃离了国民党政府当局对他的监视。

1947年春天，应英国文化委员会的邀请，吴作人离开中国，远赴英国进行访问。他在国外待了近一年的时间，这一年里，他先是在英国举办了个人画展，后又在七月和九月，分别在日内瓦以及法国巴黎讲学，并举办个人画展。

去巴黎后，他曾转去布鲁塞尔看望自己留学时的老师巴思天教授。吴作人心中始终铭记巴思天教授对他的栽培，他所有关于西方油画的认知都来源于巴思天教授的教导和熏陶。事实上，吴作人不仅是在学习这一方面上感激巴思天教授，生活上亦然。他尚且记得，当他在布鲁塞尔买不起大画布和大画板时，是巴思天教授帮助了他，并帮他申请了庚子赔款奖学金；他婚后因为生计而奔走时，巴思天教授更是为了帮助他而承接了一项入不敷出的画壁画的工程。自1935年一别，他与巴思天教授已有十二年未见，巴思天教授也老了，但是吴作人仍然能从他的眉眼当中找到老师当年那严厉又慈祥的模样。吴作人跟自己的老师详细地讲述了这些年的经历和生活环境，一桩桩一件件，从人民讲到国家，从抗日讲到内战，又从西行讲到美术，最后是他的妻子和儿子。

巴思天教授无疑是一位十分完美的倾听者，多年的师生情谊，使他对吴作人的了解甚至胜过他对自己的了解,他不需要说过多的语言,只要陪在吴作人身边,都能给吴作人一种踏实的感觉。因为在结识巴思天教授之前,吴作人在欧洲一直都是处于"飘浮在空中"的状态。认识巴思天教授后,他有了能够系统地教授他西方美术知识的老师,不用再只靠临摹卢浮宫中的原作来胡乱钻研,是巴思天教授帮他找到了在绘画方面的目标,换句话说,巴思天教授是那个将他从半空中拉回地面的人,结识这位老师后,他才逐渐感觉到自己与欧洲是能够逐渐融合在一起的。

布鲁塞尔之行,让吴作人发泄了多年的苦闷,在与老师尽情地畅谈过后,他仿佛觉得自己又有了当初准备回国时的底气、士气和面对未来的勇气!

吴作人笔下的熊猫

第二节

惺惺相惜

要说起那个时期的美术界的伉俪,则非吴作人与萧淑芳莫属,他们二人的结合一度被称为是画坛的佳话,因为萧淑芳也是一位著名的画家,与吴作人结婚后,当真可以称得上为"夫唱妇随",甚至吴作人外出写生时,萧淑芳也跟随在左右,跟着他一起写生是一方面,另一方面也能照顾他的生活,这样的日子,简直羡煞旁人。

真的追溯起来吴作人与萧淑芳的缘分,应该要从吴作人在南京中央大学"蹭课"时说起。说来也巧,不知大家是否有印象,在讲述吴作人即将去欧洲学习美术的那一篇中,我曾提到过"握别了前来送行的萧淑芳等人",此萧淑芳即是彼萧淑芳。那时萧淑芳十九岁,是南京中央大学的旁听生,与大她三岁的吴作人是同班同学，说是同班同学，其实也只限于听说、打过照面而已。萧淑芳可是没少听说跟吴作人有关的事情，他那时是位大才子，年纪轻轻的，便成了著名画家徐悲鸿的学生，甚至还帮徐悲鸿去画那幅《田横五百士》，听说他画得非常好，还得到了徐悲鸿的称赞；后来又听说，他经常去参加南国社的演剧活动，向人民群众宣传进步文化，只是因为这件事情，学校把他开除了；再听到的，就是他要去欧洲的消息，班级上的很多同学都去给他送行，萧淑芳便也跟着去了。

其实，那时的吴作人在萧淑芳的眼中，是有些高傲的，她曾回忆说："当时我们的关系很一般，那时的吴作人十分腼腆，每天夜晚都在明灯高悬的画室里默默地只顾画画，不爱理人，给人一种高傲之感。"她只当那是"年少负盛名"的人的通病，直到十多年之后二人互诉衷肠时，她才真正了解这其中的些许原因。

再说萧淑芳与同班同学们一起送别吴作人之后，她继续留在南京中央大学跟随徐悲鸿学习美术。萧淑芳亦是一个有艺术天赋的人，但是与吴作人不同的是，萧淑芳出生在一个艺术世家，起点比吴作人高出许多。他的父亲是一位在整个北平十分有声望的医生，两位姑姑都是杰出的音乐家，叔父是我国现代音乐的奠基人之一，姐姐萧淑梅是著名的音乐理论家，妹妹萧淑熙是生物学家。萧淑芳不断地接受来自诸位家人的艺术熏陶，加之自身的先天条件，她最终走上绘画这条路一点都不令人惊奇。

除美术之外，萧淑芳还喜欢音乐与文学，闲下来的时候就经常跟着叔父学习钢琴和乐理知识。她还喜欢骑车和滑冰，年少时曾参加过一次华北地区女子花样滑冰的大赛，并获得了第一名。萧淑芳一直觉得，这一切都是天性使然，她天生喜欢世间一切美的事物。

于是，她便成为一个用画笔记录世间一切美好事物的人，那么她又是如何走上美术这条路的呢？

因为自小画什么像什么，父亲萧伯林便给她请来了名师来教授她绘画知识，甚至还请齐白石为她作印。

　　1929年，萧淑芳刚满十八岁，从北平艺术专科学校毕业之后，收到了定居南京的姐姐萧淑娴给她的信。姐姐在信中告诉萧淑芳，徐悲鸿已经从国外回来了，现在就在南京中央大学的艺术系教绘画，希望她能把握住这个千载难逢的机会。萧淑芳崇拜徐悲鸿已经有很长时间了，心心念念想要成为他的学生，因此当她听到这个消息时，没有一丝的犹豫，当即决定从北平赶去南京。

吴作人与萧淑芳

　　在姐姐萧淑娴举办的家庭宴会中，她见到了徐悲鸿。第一次见到这位心目中期待已久的老师时的场景，直到七十多年后，都一直深深地铭记在萧淑芳的心中。我们来看看她是如何形容徐悲鸿的："徐先生微长的头发，颈上系着法国艺术家特有的大黑领结，风度翩翩，热情奔放，言谈豪爽，步履轻捷，艺术见解很高。"萧淑娴将妹妹的想法告诉徐悲鸿之后，当即获得了他的应允，于是不久之后，萧淑芳便跟着徐悲鸿以旁听生的身份进入南京中央大学学习素描和油画。

　　众所周知，徐悲鸿以画马著称，他笔下的马儿或回首长嘶或腾空而起，既有西方绘画中讲究的扎实的造型，给人以自由感与力量感，同时又兼具中国绘画之长，笔墨酣畅、形神俱佳。这种绘画手法，在萧淑芳跟随徐悲鸿学习素描时，曾得到徐悲鸿的真传。某一天的素描课上，徐悲鸿走到萧淑芳的面前问她："从正面如何表现马的眼睛，你能试着画画看吗？""不能！"这是萧淑芳的第一反应。首先，她从来没有仔细认真地观察过马的眼睛；其次，她根本不知道马儿身体内部的骨骼构造。用炭条素描这种方式来画他们，对她来说实在太难。但既然老师提出来这个要求，便有一定的道理，没准还能趁着这个机会跟老师偷学一手呢！于是，萧淑芳硬着头皮，用平时画人眼睛的表现方式，花了一双从正面看的"马眼睛"，最后画出来的效果，着实有些……但徐悲鸿并没有因此而生气，他只是接过萧淑芳手中的炭条，一边画一边讲解应该如何画、画的时候应该注意哪些重要的问题。

1930年，吴作人去欧洲那一年，是萧淑芳在南京中央艺术大学待的最后一年。此后的三年中，萧淑芳回到北平，跟随汪慎生、陈少鹿、汤定之、齐白石等大家学习中国画，可以说几位大家对萧淑芳的影响是比较大的，后来萧淑芳在花卉方面见长也与这三年的学习有直接关系。

1937年至1940年这三年时间，萧淑芳分别在英国、瑞士学习，并几次举行个人画展，受到各界的好评。1940年，萧淑芳从国外回到上海，先后在上海培成女中、市立师范专科学校任教，期间她结婚了，但是几年下来，这场婚姻并不顺利。因为后来她有长达三年的时间都是卧病在床，他的丈夫不堪忍受这样的日子，所以他们两个人离婚了，女儿归萧淑芳养。

1946年，萧淑芳忽然得知吴作人要在上海举行"吴作人边疆旅行画展"。她当然知道吴作人，早在她刚刚回国的时候，"吴作人"这个名字便已经如雷贯耳了，随后她开始源源不断地听别人说起吴作人的消息。似乎从十六年前，萧淑芳与吴作人之间的联系除了同学之外，就只剩下"萧淑芳经常听到有关吴作人的消息"了。但是不可否认，吴作人在中国画坛已经有了举足轻重的位置，由他提出的理念在抗日战争的背景下越发地凸显重要价值，而他在那个时期创作的画，确实有着非常现实的意义。萧淑芳虽然从未看过他的画作，但既然所有人都交口称赞，必然是不错的，再想到他的经历，萧淑芳肃然起敬，在心里悄悄地改变了对吴作人的看法。因此，当听到吴作人要在上海举行画展的消息时，萧淑芳便决定去看一看，一来看看他的画，二来老同学之间也可以叙叙旧。对于此行的第二个目的，萧淑芳并未抱有太大的希望，毕竟当时吴作人一直沉迷在绘画中，他年少成名，当然会引起很多同学的注意，即便是不刻意去记，也不会忘了他的；可她就不一样了，当时她只是一个"小"女孩，默默无闻地待在班级里，从未与吴作人有半点交集，况且，抛却他沉迷画画这件事情不谈，吴作人的身上多多少少是有一股傲气的，他能记住的人怕是少之又少。因此，吴作人是否能知道并记住她，就是另外一回事了！

只是，让萧淑芳没有想到的是，她刚刚走进展厅，吴作人就认出她来了，并快步迎了出来，萧淑芳不动声色地打量他——他变得成熟很多，这种成熟之中散发着历尽沧桑的味道，而他当年的那股傲气，竟奇迹般地消失了，大抵是岁月太残酷，将他包裹在外面的傲气都打磨掉了，露出里面的亲切、热情和友善。

但凡是老同学久别重逢，便都会不约而同地谈起一个话题——这些年您过得怎么样？也许是因为彼此是老同学的缘故，即便是当年没怎么说过话的两个人，此刻也自然而然地将对方归到了倾诉对象这一类。画展中的人太多太吵，两个人只得避开熙熙攘攘的人群向外面走去。此时外面阳光正好，两个人一边散步，一边诉说这十几年的变化。吴作人向萧淑芳讲述了自己从欧洲留学到现在这十多年间发生的所有事情；而萧淑芳亦然，她从去西方留学讲到回上海教书的日子，又从结婚讲到生病再到离婚。萧淑芳因盲肠手术感染腹膜炎后引发了结核病，每到傍晚便会发烧到四十多度，凌晨的时候出了一身的汗后再退烧，循环往复，不知道什么时候是尽头，卧病三年，连全上海最好的大夫都无计可施，在她重病期间正是需要人照顾的时候，被丈夫抛弃了。吴作人听到这件事情时陡然生出一种既气愤又怜惜的感觉来，气愤的是她的丈夫一点担当都没有，怜惜的是她的经历。若萧淑芳是个男人尚且还好，但她是个女人，在那样一个大多数人的思想都并不开化的年代里，人们都对离了婚的女子有很大的偏见。光是忍受那些异样的目光，萧淑芳便不知道要偷偷藏下多少心酸了，况且她当时还身患重病，人在生病时是最为孤独和脆弱的，而她却在此时又遭遇了一记无情的重创，吴作人不能想象她到底是怎么熬过来的！

其实吴作人与萧淑芳是两个经历十分相像的人：都热爱画画，都是徐悲鸿的学生，都曾背井离乡只身前往欧洲，都有过一次伤痕累累的婚姻。吴作人的婚姻被残酷的战争给毁了，丧妻之痛与丧子之痛同时包围了他；而萧淑芳的婚姻被叵测的人心给毁了，在得知她患上结核病这种不治之症时，丈夫毫不犹豫地抛弃了她。隔着十多年的时间，隔着两段婚姻，隔着烽火连天、世事沧桑，他们仿佛都从彼此身上看到了伤痕累累的自己。

正因为这样，随着聊天的深入，两个人心中都逐渐生出一种同病相怜、惺惺相惜的感觉来。两个人只顾着聊天，全然忘记吴作人在另一个地方还举办着画展，也忘记了时间，等两个人各自讲完这些年的经历，站在白渡桥上，已经能够看到华灯初上的上海了。

通过那天的一番交谈，两个人的关系便已经从"老同学"上升到"挚友"了，之后的时间里二人时常见面。后来萧淑芳邀请吴作人到家中赏画。

其实，在那个时期，萧淑芳主要从事的是美术教育工作，在美术上只能称得上是小有建树，但是当时的她心中有很多很多想法有待实现，这些想法来源于她对美术的很多个方面都存在一定的兴趣。她不仅跟随汪慎生和汤定之学习画花鸟山水，还跟齐白石请教过水墨之道，为了让造型更扎实，她选择去南京中央大学徐悲鸿工作室中学习油画，练习造型的基本功。去欧洲以后，她在斯莱德美术学校学习雕塑，并且学习色粉笔和木刻等多种绘画样式。中国绘画体系和欧洲绘画体系她都领教过，并且尝试过很多种绘画，她的心里，一直想要将西方的东西与中国的东西融到一起，形成一个自己的绘画风格，只是此时她正处于一个探索阶段，对于将哪方面融合到一起，她尚且没有一个十分妥帖的想法。

吴作人一边欣赏萧淑芳的画，一边与她交谈，别的不说，单就想要把西方的绘画技巧与中国的绘画技巧融合到一起这一点来说，他俩的想法简直一模一样。随后吴作人又谈起自己的绘画理念，萧淑芳很是赞同，她对吴作人组织战地写生，以及深入西北探索民族文化的行为很是支持，甚至带着很多敬佩之情。在吴作人惊叹于萧淑芳在绘画方面持有的长远目光和独到见解时，内心也产生了一种十分强烈的共鸣。

那次赏画过程中，吴作人与萧淑芳相谈甚欢，此后来往愈加频繁，他们最常做的事情便是互相切磋艺术、憧憬未来。这样的日子持续一段时间后，吴作人坦然地向萧淑芳表露了自己的爱慕之情。说起这件事情，我不得不感叹一下，按说向对方表达情感时，首选方式当然是用自己最擅长的东西了，吴作人最擅长的是画画，他大可画几幅能够表露心迹的画送给萧淑芳，不仅能够准确地表达他的意愿，更能向萧淑芳一展自己的才华。但是吴作人偏不如此做，他为了表达自己的心愿，竟然学起了古人，填词赋诗，再赠予萧淑芳。

下面是一首吴作人填的词：

> 九岁乱无凭，重过清明，可见人事半飘零，喜得萱草春更茂，英瑞盈庭。心似晓烟凝，欲散还停，吴山不比蜀山青，无奈巫城云起处，不透清明。

这首《浪淘沙·寄梅儿》的前半阕简单地概括了一下自己飘零的前半生，又隐晦地表达了他本已对感情之事不抱任何希望，却在此时遇见萧淑芳，这让他的心死灰复燃；而后半阕则说他本不欲同萧淑芳道出此种情谊，只是"心似晓烟，欲散还停"，意思是说，这种心思就像那袅袅的烟雾，想要散去却始终散不去，他甚至还将自己同他人比，说自己不是最好的，只是他经历的事就是命运想让他经历的，他虽无可奈何，却从不后悔。

吴作人的这种方法虽太过婉转，但仔细思量，也符合一位艺术家的行事风格。"梅儿"指的是萧淑芳，因为萧淑芳画的每一幅画上，落款都是"梅儿"，就像作家在自己的作品上署上自己的笔名一般。

萧淑芳并未成全吴作人的心意,她有自己的一番思量,一方面是自结束上一段婚姻后,她同样对感情之事不抱希望,她甚至觉得很多时候,感情是靠不住的;另外一方面就是她身患结核病,这是不治之症,她不能再拖累一个吴作人!吴作人知道她的心思,但是并未放弃,他仍然常去萧淑芳的家里。之前提到,萧淑芳离婚后带着女儿一起过日子,彼时,萧淑芳的女儿萧慧尚且不满两岁,那时的她已然将吴作人视为自己的父亲,咿咿呀呀地喊吴作人"爸爸",还经常让吴作人抱着她。

只是,哪怕是这个时候,萧淑芳仍十分坚定,她始终告诉自己:不能拖累他。这种想法,一直到同年八月份,方才有所转变。

第三节

伉俪情深

　　1946年8月,吴作人接受恩师徐悲鸿的邀请,即将离开上海前往北平,他对萧淑芳纵然有万般不舍,但他无法拒绝恩师的邀请,且,他深知无论是他抑或是萧淑芳,他们的肩膀上都扛着一份"继承美术、探索美术、革新美术、发扬美术"的责任,此时并非是眷恋儿女情长的时机。

　　临行前,吴作人前去与萧淑芳告别,他送给萧淑芳一面折扇以寄相思。一面扇面上画的是他创作的画作《雪原藏犛图》,一面扇面上是吴作人题上去的三首诗:

何曾入蜀似登天,天外更生碧海烟,

一去十年春讯隔,边风八月透胡毡。

三月烟花乱，江南春色深。
相逢情转怯，未语泪沾襟。

梅雨春江满，离情入画图。
乘潮东海去，更得见君无。

三首诗，寥寥数语，却道尽了几个月前二人的重逢与此时此刻的离别，萧淑芳不禁潸然泪下。她忽然想起一次与吴作人一起去看画展的经历，在离开画展往家走的路上，吴作人曾说："再不相爱就来不及了，我们的日子过一天少一天。"是啊，他们二人的缘分兜兜转转十几年，如今好不容易方才再一次凑到一处。虽然她身患结核病，虽然其他人一听说她的病便会在一瞬间变了脸色，唯恐避之不及，但是吴作人还是十分坚定地走向她，任是她再如何拒绝，他都没有放弃，他不是不害怕，他是不想失去与她牵手的机会。他尚且能做到如此，那么她还有什么可顾虑的？长久以来，萧淑芳心中逐渐冷冻的坚冰在这一瞬间骤然融化。

萧淑芳将一封信交到吴作人的手中，叮嘱他："请您带着这封信一定去看看我的父母。他们住在水磨胡同49号。"吴作人知道，她在信中定是叮嘱她远在北平的父母多多关照他。她能为他思虑得如此周全，个中情谊不言而喻，感动之余，是深深的不舍之情，吴作人紧紧地握住萧淑芳的手，良久之后，方才转身离开，奔赴北平。

吴作人带着这一份深重的情意来到北平，刚下火车，他不敢耽搁，直接前往水磨胡同49号，去拜访萧淑芳的父母。萧淑芳的父亲萧柏林是一位在北平颇有声望的医生，他和我国著名的现代音乐开创者之一的萧友梅是亲兄弟。

萧淑芳的父母读过女儿的信之后，自然了解前来送信的人很有可能会成为"未来女婿"。吴作人长得一表人才，且是画家出身，身上始终带着一种浓厚的文艺气质，两位老人看得眉开眼笑，十分欢喜，一直拉着吴作人问长问短。因为萧淑芳的祖籍是广东省中山市，一家人搬到北平的时间不久，因此她的父母带着厚重的广东腔调，听上去十分有意思。话过一番家常，一起吃了一顿饭后，他们帮助吴作人在洋溢胡同14号的一间房子中安顿了下来。

吴作人在国立北平艺术专科学校的工作任务十分繁重，而且工作推动得也并不是十分顺利。徐悲鸿接任学校的校长以后，一直致力于推动国画教学改革，但凡是改革，便一定会有人持反对意见，徐悲鸿力排众议，坚持要将教学改革进行到底。后来徐悲鸿带着吴作人与李桦一起去请国画大家齐白石来学校任教。齐白石虽然在国画方面的成就十分高，但是他早年的生活十分困苦，为了维持生计，他做过木匠，后又以卖画为生。因此，学校里的很多教师，以及一些保守派的画家对于请齐白石来学校任教这件事情，始终持有非常强烈的反对态度。他们集中到一起，为了达到将齐白石驱逐出学校的目的，他们无所不用其极，不择手段地对徐悲鸿和吴作人进行恐吓、威胁和打击。

此时正好赶上学生们为反对国民党的黑暗暴政、野心勃勃以及结束抗日战争后立即将枪口对准国民的举动，而组织"反内战、反独裁、反饥饿"的活动，吴作人对学生们组织的运动一直持有支持的态度，这引起国民党当局以及三青团的强烈不满。他们随即采用十分卑劣的手段来对付吴作人，国民党不仅派特务监视他，甚至还在背地里煽动一些学生组织"倒吴"的活动，企图以此来扳倒吴作人。

因为这些事，吴作人在北平的日子过得也是焦头烂额，在写给萧淑芳的信中，他并未有所隐瞒，即便他想隐瞒，也是瞒不住的，毕竟事情已经闹得沸沸扬扬、北平皆知，他不说，萧淑芳的父母也会说，所以他只好一五一十地讲给她听。萧淑芳知道后，一边写信给吴作人安抚他的情绪："人生是一次旅行，有泥泞黑暗，有险峰……尽管走过许多曲折和磨难，但毕竟春天会来，花总会开。"

一边又在心中盘算着回北平的事情,虽然她帮不上吴作人什么忙,但是这个时候,能陪在他身边也是好的,哪怕只是站在他身边,也是给他的一种莫大的精神支持,因为没有什么能够比"相爱"更能支持一个人,也没什么人能够比爱人给予彼此的力量更大了。

萧淑芳是一个想到什么就会立即去做的人。次年秋天,便是萧淑芳父亲的七十大寿,她借着为父亲做寿的理由,带着女儿萧慧回到北平,并决定在北平定居。对于萧淑芳和萧慧的到来,吴作人十分激动,他掐着时间到北平西苑机场去接机,生怕错过在她们出来的第一秒就见到她们的机会。接到她们后,吴作人十分熟练地把萧慧抱起来,然后接过行李,风风火火地将他们母女二人送到位于水磨胡同49号的萧淑芳父母家。

有了萧淑芳的陪伴、开解和照顾,他在北平的生活比之前更多姿多彩起来,连着在洋溢胡同14号的家里,也多了一丝人气儿。有了爱人的支持,他每天都怀着极大的信心与勇气去面对那些想要迫害他的人,虽然每天与他们周旋得很疲惫,但只要看到萧淑芳与萧慧,他便觉得一切问题都将迎刃而解。尤其是萧慧,跟她在一起的时候,吴作人很容易便会被她清澈的眼神、天真纯洁的笑容给融化,每当她笑的时候,吴作人会感觉全世界的花都开了。吴作人十分疼爱萧慧,完全没有因为她不是自己的亲生女儿而少疼她一点,这种疼爱和宠溺,在萧淑芳嫁给他以后也一直在持续。萧慧懂事之后,和吴作人的父女关系非常好,甚至超出了她与母亲的关系,她始终将吴作人当作是自己的亲生父亲一般去照顾和孝敬。

1947年春,国民党当局对吴作人的迫害越发严重起来,吴作人不得不在徐悲鸿的安排下再次出国。他先后访问了英国、瑞士、法国,并陆续在几座城市中讲学、举办画展。1947年一整年,他都待在国外,一直到1948年2月份,他才返回中国。吴作人到达上海时,国民党与共产党之间的战争几乎已经到了最后阶段,在解放军反攻时,国民党节节败退,政府当局自顾不暇,早已没有精力再花心思对付他们这些艺术家,吴作人也终于过了几个月的安静日子。

1948年6月,距离吴作人与萧淑芳重逢,已经过去整整两年,热恋了两年的两个人,终于决定结婚。

那一年,吴作人四十岁,而萧淑芳三十七岁,两个人都是经历过大灾大难的人,对于很多事情都看得很淡,他们一致认为没有必要办一场盛大且繁复的婚礼,但是该有的形式却是不能少,因此婚礼办得十分简单,前来参加婚礼的人只有吴作人和萧淑芳两家的人,以及主婚人徐悲鸿。

私以为,吴作人与萧淑芳二人请徐悲鸿来做主婚人再合适不过了。一来,徐悲鸿既是吴作人的老师,亦是萧淑芳的老师,两个人的关于美术的"入世"观念,全部都是徐悲鸿所教的;二来,徐悲鸿是唯一一位见证了他们这段延续时间长达十多年的缘分的人;三来,这些年里,徐悲鸿无论是作为老师,还是作为画坛前辈,都给了他们两个人不少帮助,他是看着他们从零开始一点点在美术界找到自己的位置的那个人,在一定程度上来看,徐悲鸿几乎是他们两个人的半个家长了。综合上面三点来看,吴作人与萧淑芳婚礼的证婚人,非徐悲鸿莫属。

为了庆祝他们结婚,徐悲鸿特意创作了一幅名为《双骥图》的画送给他们。画上是两匹并肩齐行的骏马,寓意此后夫妻二人将同甘苦、共患难。徐悲鸿还在上面题了诗:"百年好合休嫌晚,茂实英声相接攀。譬如行程千万里,得看世界最高山。"夫妻俩收下了恩师的祝福,并谨记恩师的叮嘱。

关于结婚,吴作人与萧淑芳并未打算大张旗鼓,也没打算让太多人知道他们结婚的消息。只是,后来消息传得十分快,学校的人很快便知道了他们结婚的事情,同他们夫妻二人关系较好的师生们张罗着要办一场婚礼舞会,他们本想推脱,奈何师生们不依不饶,于是只好应了他们的要求,于结婚后的第三天,在大雅宝胡同13号的国立北平艺术专科学校的宿舍里,举办了一场热热闹闹的婚礼舞会。

吴作人与萧淑芳婚后的生活过得十分幸福，几十年的婚姻生活中，他们几乎没有拌嘴的时候，亦从未有过无话可说的时候，因为他们两个人都是画家，这一共同的爱好使他们时时刻刻都有可以讨论的话题，他们互为彼此创作的作品的第一位观众和第一位评论者。在绘画方面，夫妻二人也是相当和谐，一个画油画，一个画水彩；一个画动物，一个画植物。而水墨画的功力，则是夫妻二人共同提高，最终，一位将油画与水墨画结合得恰到好处，另一位将水彩画与水墨画融合得天衣无缝，双双达到美术创作上的巅峰时期。如此的琴瑟和鸣，又如何能不羡煞旁人呢？！

但不得不说的是，在这段婚姻中，萧淑芳的付出要多得多。

他们结婚后不久，便迎来了北平的和平解放。吴作人先后成为中华全国文艺工作者协会的常务理事、中央美术学院教授兼教务长、中国美术家协会副主席等，后又担任中央美术学院院长、中国美术家协会主席，除此之外，他还长期任教于中央美术学院，因此，在生活中，萧淑芳迁就照顾吴作人较多，但其实萧淑芳也有自己的工作，她从1950年开始先后担任中央美术学院国画系副教授、教授，全国妇联第四届执委。即便如此，她仍然将吴作人的各个方面都照顾得十分妥帖，吴作人在前方承担国家赋予他的责任，而萧淑芳则毫无怨言地承担起照顾他的责任，让他能够完全没有后顾之忧地去做他应该做的事情。

后来，吴作人病重时期，萧淑芳为了照顾吴作人，有六年时间未曾拿起过画笔，一直到吴作人作古后，她才重新拿起画笔创作。被人问起时，她只说了七个字："为他，我心甘情愿。"

虽然只有七个字，但这七个字透露着她的决绝，不是对别人决绝，而是对自己决绝！从吴作人用真情打动她、让她相信这个世界上还有真正的温暖和爱情的时候，她便已经做好准备，将自己的一切都捧到吴作人面前，不给自己留任何一条后路了。反过来，吴作人亦然。

这对羡煞美术界的伉俪，一直互相尊重、互相包容、互相扶持着走完了人生的后半程。《百家讲坛》曾有一期讲述了吴作人与萧淑芳的故事，当时有一句话，私以为特别适合用在此处作为这一篇的结尾——"能照亮生命的爱情，从不嫌晚"。

第四节

艺术新生

　　1948 年 12 月,中国共产党领导下的人民解放军兵临北平城下。国民党政府当即命令徐悲鸿率国立北平艺术专科学校的一众师生向南搬迁。

　　徐悲鸿与吴作人等艺术界的同仁,深受国民党政府的控制,一早便对国民党政府颇有微词了,因此在他们收到命令时,并未马上动身,而是拖延了一段时间,想要看看是否能够等来共产党的消息。果然,毛泽东一接到"国民党政府命令以徐悲鸿为领导的国立北平艺术专科学校向南搬迁"的消息,当即亲自派田汉秘密会见徐悲鸿和吴作人,要求田汉详细地向他们介绍目前的革命形式,并叮嘱他们在任何情况下都不要离开北平半步。

田汉此人，前面曾提到过，他是南国社的主要领导人，与徐悲鸿、吴作人等人都是旧相识，且曾经十分欣赏吴作人，他对吴作人的影响力同样不可小觑。他于吴作人离开的第二年开始，便加入了中国共产党，全面参与党对文艺工作的领导。抗战胜利后半年，他回到上海，投入了反对国民党反动统治的运动中。而在中华人民共和国成立之后，他出任过文化部戏曲改进局局长、艺术局局长。

出于对朋友的信任及自己的判断，徐悲鸿与吴作人紧急召开校务会议，在得到了学校地下党及进步教师的支持后，他们严词拒绝了国民党下达的"学校南迁"的决定。为了防止国民党对学校进行打击报复，他们在拒绝了国民党的命令后，快速地与广大师生一起组织了护校活动，成功地护住了国立北平艺术专科学校。

12月7日，吴作人领导身在北平的艺术家们一起组成"一二·七"艺术学会，以学会的名义在《进步日报》辟《进步艺术》周刊上发表文章及画作，试图通过这种途径，向广大北平群众宣传进步文艺、准备迎接解放的消息。

1949年1月31日，中国共产党领导下的人民解放军进驻北平，北平彻底宣告和平解放，这一事件对于整个中国来说，都具有十分重大的意义。

和平解放那天，北平的所有市民一齐涌上街头以迎接解放军的到来，吴作人听到革命成功的消息后，亦是十分激动。他带上自己的速写本和画笔，也来到了街头。解放军进入北平后，人民群众中有人鼓掌欢呼，有人给解放军送花，有人给解放军们端茶送水，有人跳上车书写口号，场面十分激动人心。吴作人一边被这个场面感动得热泪盈眶，一边不忘记快速地挥动手中的画笔，记下这具有历史意义的热烈场面。

从此吴作人的生活发生了翻天覆地的改变，他的艺术创作也随之进入了一个崭新的阶段。

1949年7月，吴作人参加了中华全国文学艺术代表大会，被选为中国美术

吴作人和他的作品《齐白石像》

家协会的常务理事,这一年他创作了一幅描写南京和平解放时的场景的油画《南京解放号外》,对现代人们了解和平解放具有十分重要的现实意义。1950年,国立北平艺术专科学校和华北大学合并,分别成立了中央美术学院和中央音乐学院,吴作人受聘成为中央美术学院的油画系教授兼教务长,同年,他率领学生到工厂、农村、水库工地、草原牧区等多个地方,一边深入体验生活,一边进行写生创作。1951年,吴作人成为中国文化代表团的一员,前往印度、缅甸等地进行访问,围绕着访问地区的人文风景,他创作了多幅速写,将当地人民的生活表现得淋漓尽致。1954年,吴作人被选为第一届全国人民代表大会的代表,同年创作的油画《齐白石像》被称为"走向成熟的油画学派的代表作"。1955年,吴作人被任命为中央美术学院的副院长,同时作为中国代表团的成员出席了斯德哥尔摩裁军会议。1958年,被周恩来任命为中央美术学院院长。

自1949年以来,吴作人将主要精力都放在了中央美术学院的教学工作和大量的社会写生当中。中央美术学院是经由国立北平艺术专科学校与华北大学合并之后再分离而来的,因此,在教学制度及教学体系方面都不完整,为此,吴作人投入了大量的心血。

经过一段时间的实践,中央美术学院形成了一套独特的教学主张——既要认真学习中国的绘画传统,亦要学习西方绘画传统,但是在这个过程中要学会变通和辨别,能够知道什么是可以借鉴的,"学到家"之后也能够不单单拘泥于

Wu Zuoren 吴作人

吴作人作品《齐白石像》

这一种绘画方式和技巧，他提出来的"法由我变，变才是常"就是这个道理；重视美术基础教育，提倡"严而后放"，所谓"严而后放"是指在前期进行美术基础教育时必须严格要求每一名学生，让他们充分掌握基础理论知识及绘画的基本功，而到了后期，则要充分放手，让学生们自发地去探索和领悟；他还提出将教学与社会生活结合在一起，不能死读书、读死书，"师造化，夺天工"，老师们应当将学生们带出教室、画室，带到社会生活中去汲取素材，也正是因为这一点，1950年的大部分时间，吴作人都带着中央美术学院的师生们去农村、水库、工厂等地方去体验生活、写生。

除此之外，他汲取了西方美术在发展过程中由于太过自由而导致个人主义绘画大于传统绘画的教训，在建立教育体系时，将中国艺术传统教育列为重点中的重点，无论何时，即使是为了让作品中有更鲜明的个人特色，也不能丢掉传统。因此，1952—1953年期间，吴作人两次领导中央美术学院的老师去往不同的地方，研究、发掘、临摹中国古代遗留下来的石窟艺术，第一次去的是炳灵寺石窟，第二次去的是麦积山石窟。

夏衍曾提到："作人同志和徐悲鸿先生一样，除了本身是一个优秀的画家之外，又是一位诲人不倦、桃李满门的艺术教育家。"在中央美术学院任教期间，吴作人培养了一批又一批卓越的艺术人才，有很多人都成了继吴作人一代后的又一代著名画家。

本篇所谓的"艺术新生"不仅指整个中国迎来了艺术新生的时代，同时也指吴作人迎来了自己创作道路上的新生时代。

具体来说，吴作人的艺术新生代应该在20世纪60年代，而整个20世纪50年代则可统一称为是一个"过渡年代"，因为这十年里，他用来探索文化的时间远远多于创作的时间。

不言而喻，对于吴作人来说，"探索文化"即意味着走出去，20世纪50年代时，吴作人外出写生的频率大概为一年一次，几乎未间断过。

1956年，吴作人在黄河三门峡水利工程施工工地作画　　　　吴作人在创作《黄河三门峡》

先说上文提到的两次探索石窟文化的事情。在这两次勘察、临摹的过程中，他还撰写了勘察纪略，上面记录了几种产生于不同朝代的绘画风格，其中，对马王堆汉墓帛画和北齐娄睿墓壁画的描述较为详细。

1955年，吴作人出发去内蒙古写生，根据在内蒙古积累的素材，作油画《雨中草原》《原始林》，作中国画《套马》《少女像》等；1956年，赴河南三门峡水利工程工地写生，回北平后根据写生素材创作的油画组画《黄河三门峡》，倍受美术界关注；之后的几年，吴作人分别去了山东、江苏、河北、宁夏等地写生，创作画作数十幅。

除去在国内的各个地方进行写生活动，他也偶尔会去国外进行写生，不过大多数时候，吴作人都是作为中国文化代表团中的一员前往其他国家进行文化交流与访问，在那里，他同样收获不小。虽然其他国家的艺术特点不能适合他现在正在潜心研究的中国学派油画以及中国水墨画，但是他可以通过学习了解其他国家的艺术传统，分析他们是如何将传统文化融入艺术创作中去的，这将对他进一步钻研中国学派油画有很大的帮助。

产生钻研中国学派油画这种想法，是在有过两次西行的经历后，吴作人认为油画在描写对象的色彩、质感、空间关系等方面有很强的表现力，而中国画造型洗练、概括，它的比油画的略高一筹，于是，他便开始有意识地将中国画的元素融入油画中，也一直想要创立出具有中国艺术特色和情趣的中国学派的油画。

其实在20世纪50年代初，吴作人对于中国学派油画的研究便已经呈现出渐入佳境的态势，随后几年中，他又先后去了很多地方探索，对如何用油画的语言表达中国传统文化有了更深层次的认知，这种认知在1994年他创作《齐白石像》时达到了巅峰状态。

《齐白石像》无疑是他在研究中国学派油画时期的巅峰之作。吴作人在谈到这幅作品时曾说："人物肖像的创作与人物头像的习作不同，我的目的还在于创造具有中国气质的肖像。"

在动手画《齐白石像》之前，他做了许多准备，光是速写便画了三幅，一幅是齐白石头像的速写，两幅是齐白石的左右手的速写，可见吴作人对这幅画的重视。齐白石确实也担得起这般重视——齐白石是劳动者出身，历尽坎坷，将

《黄河三门峡·中流砥柱》炭笔画

吴作人作品《黄河三门峡·中流砥柱》

毕生的时间都用在了艺术创作上。

在这幅《齐白石像》中,齐白石头戴黑色羊皮帽,银须垂于胸前,身着虾青色大袍,可窥其丰富之阅历。而通过其对身躯、神态的刻画,则给人一种敦厚庄重、安静祥和、泰然自若的感觉。无论是构思、构图还是设色都不离中国人的审美。最为点睛之笔应当非那双厚实且粗糙的手掌莫属,从上面的些许印记便能轻而易举地猜到所画之人曾经一度生活困苦,劳动者的出身瞬间明了。

如果说《齐白石像》是吴作人所作的人物肖像油画中最能表现中国画传统的作品,那么《黄河三门峡》组画便是吴作人所作的风景油画中最能表现中国画传统的作品了。

《黄河三门峡》组画是吴作人在河南写生时,途径三门峡水利工程工地时所画。吴作人在其中运用了许多中国画传统元素,比如散点透视的运用,空灵、

吴作人镜头下的《黄河三门峡》

渗化效果的模仿,这些元素的加入,令整幅画作的气势都有所提升。不过尽管这幅画品上去很有气势,却不似《齐白石像》那般自然,恰到好处。

这之后不久,吴作人便将创作重心转向中国水墨画了,因此此后的作品,几乎没有可以和《齐白石像》《黄河三门峡》相媲美的。

第五章

升华之美

SHENGHUAZHIMEI

撇去万千浮华,他不过是普通人一个,亦想过普通人的生活。我们该做的,是将他留下的东西永生铭记,然后,祝福他的离去。

第一节

受困十年

通过前文的种种叙述，可以看出来，吴作人是一个十分有想法的人，而且是一位"敢怒亦敢言"的人，只是，在那个年代，这种直白的性子是优点亦是缺点。因为那是一个需要想法的时代，譬如绘画这一门艺术，当它面临西方绘画传统的冲击时，它需要像吴作人这样有独到见解、敢于开创先河的人来提醒广大艺术家：西方传统文化也不尽然全是好的，我们应当尊重自己的传统。

20世纪50年代，由于种种原因，中央美术学院当时必须遵循苏联的教学模式，吴作人对此始终持有不同看法，而对于全然否定西方的印象派艺术这一看法，吴作人亦是不能苟同，事情凑到一处，吴作人险些被划分到"右派"里去。

有幸中华人民共和国成立之后,主管文化领导工作的是田汉、夏衍等人,在他们的帮助下,吴作人方才避开一劫。

不料,那段时间萧淑芳擅长画的花卉也被认为有"资产阶级情调"的嫌疑。若是将这顶帽子扣在吴作人的头上,为了避嫌,他尚且能够忍气吞声,但此时有人将这帽子戴到了萧淑芳的头上,而且戴得十分牵强,吴作人气愤得顾不了许多,当即在《在印象主义讨论会上的发言》这篇文章中写道:"花儿究竟起什么教育作用?刺激、鼓舞我们就是起作用。萧淑芳同志的《喜迎春》,战士很喜欢,这种感情健康不健康?是健康的,只要不反动,不是反社会主义的就可以。"这些言论刺激了那些思想颇为极端的人,他们联合起来一起攻击吴作人,并要将他归到"右派"里去,最后这件事情还是由领导文化工作的朋友们出面帮忙解决的。

吴作人的性格,搁在今天来说,应该是"太过耿直",很多时候很多事情,他都想不通,这件事情亦是如此。他想不明白自己哪里做错了,不同意全盘接受苏联的教学模式是为了中央美术学院好,对西方的印象派艺术持保留态度是为了中国画坛未来的发展,他的所作所为都是出于为大局考虑,没有掺杂一点个人因素在里面,为什么那些人能随意地扭曲事实,胡乱地给他扣上莫须有的罪名?他既委屈又苦闷,这些情绪纠结在一起,始终得不到排解,最后诱发了他的心脏病,住院期间,萧淑芳一边照顾他,一边开导他,让他学会"夹着尾巴做人"。

说到"夹着尾巴做人",吴作人与萧淑芳之间还因此发生过一件趣事儿。萧淑芳是一位知书达礼、聪明贤惠、温柔体贴、心胸豁达的女子,她能够把什么事情都看得很开,这虽与吴作人的性格形成了一个强烈的反差,但同时也因为"互补"才能够劝通吴作人。她为了让吴作人少花些心思在那些烦心的事情上,便带着吴作人跟她一起养养花、喂喂猫、赏赏金鱼,还拉着他跟自己一起研究水墨画。在萧淑芳的安抚下,吴作人的心逐渐平静下来,原本纠结在种种烦心事上的注意力也逐渐被这些小动物吸引。小动物们不矫揉不造作,他忽然生出一种观念:"世间所有的一切其实都是简单的,但是最简单的,往往却能表达出更为深邃的哲理。"他开始思考,是否可用十分简练的笔法去塑造绘画中所讲的"造型",而用于表达一些深邃的思想呢?想法一出,吴作人便跃跃欲试,这种新想法的诞生完全冲散了他的苦闷,那些苦闷同绘画相比,自然是绘画更重要。萧淑芳生日那天,吴作人为她画了一幅水墨画,上为一只猴子捧着寿桃祝寿,旁边还有题字:"盗得王母桃,祝君千岁寿。"萧淑芳认真仔细地瞧了一眼那只讨喜的猴子,随后不解地问吴作人为何猴子没有尾巴,却听吴作人不甘不愿地说道:"你不是让我夹着尾巴做人吗?所以,这猴子干脆不要尾巴了。"

不得不感叹萧淑芳的聪明贤惠,她以柔克刚,无形之中便已经将吴作人安抚好,也多亏她是这样一个性格,否则吴作人可能根本无法承受长达十年的冲击和劫难。

1966年8月的某一天,一群自称是"红卫兵"的人不由分说地冲进吴作人的家中烧伤抢夺。他耗费许多年光阴积攒下来的书籍、字画、文物,都被洗劫一空。那些人把吴作人家中的东西能烧的则烧,不能烧的便砸,十分野蛮。之后吴作人被关进了中央美术学院的"牛棚",那时吴作人才发现,中央美术学院的许多教授和领导都一齐被关了进去。虽然都是熟人,但是完全没有说话的机会,因为那里禁止交谈,所有关进去的人都必须保持沉默,若是有人说话,便会被直接抓走再进行一番批斗和迫害。

被关进"牛棚"以后,吴作人等人每日都要背诵毛主席语录,除此之外,还要负责打扫中央美术学院的卫生,过的是"早请示、晚汇报"的日子,完全没有一点人身自由。那时吴作人最大的感觉就是"静",见到熟人不能出声音,干活儿也不能弄出太大的动静,空气都静极了,毫不夸张地形容:一根针掉在地上的声音都能吓得人心头一颤。

1969年末之时,吴作人身患疾病,但他仍然随中央美术学院的领导和师生们一起,被迫下放到河北磁县东陈村某部队农场接受"再教育",参加体力劳动。那时吴作人已经六十一岁,并且有病在身,本应安心养病,但生活被搅动得天翻地覆。那是他这辈子苦难最为深重的一段日子,不管是身体还是内心,都承受着极大的痛苦,而妻子萧淑芳成为他那时唯一的避难所,虽然每天回到家时,身体已经非常疲惫,但只要能看到萧淑芳,笼罩在他心头的阴郁便都散开了。而那段时间对于萧淑芳来说,亦是异常难熬,她每天提心吊胆的,生怕没有照顾到吴作人的情绪,他会突然想不开跑去做傻事。他们逐渐养成一个习惯——萧淑芳每天掐着吴作人回来的时间,准备一盆热水,吴作人回来后,萧淑芳便帮他洗脚按摩,仿佛只要每天回来洗洗脚,便能将他内心的委屈和苦闷都洗干净。其实萧淑芳之所以能够坚持下来,就是因为想让吴作人感到这世界还有一丝温暖,只要坚持下去,总能熬到头的。

也许是跟萧淑芳在一起久了的原因,她身上的那些豁达劲儿倒是也传给了吴作人几分。在农村接受"再教育"这件事情,竟然不再让吴作人觉得痛苦了。换一个角度思考,他就权当是来河北磁县东陈村写生了,参加体力劳动也不过是体验部队农场的生活而已。生出这种乐观的想法后,在那里的生活反而变得享受起来,不能画画,他便找另外一种打发时间的办法——作诗,此时的吴作人对作诗这件事已然是驾轻就熟了,词句不需多加思考,便能信手拈来,下面这首诗,就是吴作人在那段时间的代表作:

村北有荷塘

莲子熟早收,梗叶劲自立。

不自嫌秋老,犹堪任采摘。

吴作人的这首诗,颇有些壮志未酬的意味。

1971年9月,吴作人的生活有了一点改变,但仅是这一点改变,就足以让

吴作人夫妇

他激动得无以复加了，因为他可以重新拿起画笔了！在周恩来总理的安排之下，吴作人、李可染等当代著名画家被抽调去为国宾馆等地方作画，甚至被允许赴外地写生。长时间被压抑和忽略的苦闷情绪一起喷发出来，使得吴作人在极短的时间之内连续作画数幅，其中包括大型油画《镜泊湖》《贡嘎雪峰》《吴哥朝晖》等，还有一些中国画，中国画中较为著名的为《熊猫》，邮电部根据吴作人所作《熊猫》一画印制了一套《熊猫》特种邮票在社会上公开发行。

Wu Zuoren 吴作人

吴作人作品

第二节
艺术升华

1974年,吴作人等知名画家开始陆续恢复作画及外出写生的自由。刚刚恢复自由时,吴作人便整理行装,带上画具和速写本前往天津大港油田进行写生活动,作油画《大海新貌》,并在这一年参加全国美展;1975年,吴作人照例进行一年一次的写生活动,这一次他去的是福建省武夷山及附近的地区,这一年他创作的作品多为水墨画,如水墨速写《武夷山泉》《象》等。

如果仔细观察吴作人后期创作的作品种类,你会发现,从1975年开始,他将自己的绘画重心完全放在了中国水墨画的创作上,几乎已经找不到油画的痕迹了,这意味着,吴作人已经彻底完成了绘画风格从西方绘画传统到东方绘画

Wu Zuoren 吴作人

吴作人作品《长驱蹈远》

传统的转型。

由于在"文化大革命"开始之前,吴作人曾连续担任过三届的全国人大代表,所以在他的社会地位恢复之后,继续被选为第四届至第六届的全国人大代表。

至此,吴作人的苦难生活也彻底宣布结束,此后的二十多年,他的生活一直过得平稳且幸福,真正地实现了和萧淑芳做一对"神仙眷侣"的愿望。这个愿望,自从和萧淑芳结婚之后便有了,只是无奈国难当头、时事纷乱,自结婚以来,他们一直没过上多长时间的安稳生活。"文化大革命"的结束,终于让吴作人始终悬在半空中的心放了下来,萧淑芳亦然。

1977 年,中国迎来了第一次与日本之间的文化交流——在东京和长崎举行"中国现代书画展",由吴作人率领的中国美术家代表团去日本参加此次画展。同年,为了纪念在 1976 年去世的周恩来总理,吴作人创作了一幅名为《展翅重霄》的中国画,后又作中国水墨画《河西牧驼图》,这幅画入选了"联合国际巡回画展",并在 1980 年被邮电部制作成为邮票发行,这也是继《熊猫》后,吴作人创作的第二幅被制作成邮票的画作。这一年中,最能够体现吴作人在中国

|百年巨匠|
Century Masters

吴作人作品《展翅长空》

美术界的地位的事情，应当是他为中国驻马来西亚大使馆、中国驻日本大使馆等中国驻外大使馆作画，其中包括他根据去大兴安岭写生时创作的作品《林海雪原·兴安岭》、根据藏族边疆地区写生创作的水墨画《藏原牦牛》。总的来说，1977年这一年，吴作人的画作多次被搬上政治舞台，邓小平出访尼泊尔时，送给尼泊尔国王的便是事先请吴作人创作的中国画《金鱼》。这也恰巧说明了一件事情——吴作人不仅在中国的美术界有着不可替代的地位，在世界美术界都是一个传奇一般的存在。

1978年，人民美术出版社为吴作人出版了《吴作人画辑》，这本画辑是选印了吴作人在1962年出版的《吴作人画集》中的作品。因为1962年时，吴作人创作的中国水墨画数量较少，因此《吴作人画集》中收录的大多是20世纪30年代到50年代之间吴作人创作的油画。既有完全遵循西方绘画传统的油画，也有将中国绘画传统与西方绘画传统融入一炉的油画，当然，也少不了由吴作人领导开创的中国学派油画。

1979年，吴作人在第四次全国文化会和全国美代会上当选为中国文学艺术界联合会副主席和中国美术家协会副主席。同时，由于吴作人此时已经是七十一岁高龄，他的身体状况不允许他再继续担任中央美术学院的院长，于是，他退居二线担任名誉院长，完成了学校内部新老领导班子的交接，此后，只有涉及大方向的事情时才请他回来把关。这一年中，吴作人创作了大量的水墨画，如《藏原奔牦》《通天河畔》等。《长驱远蹈》和《祁连放牧》这两幅作品分别由邓颖超副委员长在出访日本赠与日本首相大平正芳、由总理赠与德意志联邦总理施密特。

步入20世纪80年代后，吴作人的绘画生涯终于迎来了艺术升华——开创了既有深厚的民族文化底蕴、民族特色，又极具个人特色的水墨画。

从这之前吴作人所经历的种种事情来看，这一次的艺术升华是有一定历史必然性的，私以为，就连他在晚年时期开始走中国传统绘画道路都是有历史

吴作人作品《通天河畔》

必然性的。有关这一点,并不是胡乱猜测、胡乱定性,我是通过他幼年时期所接受的家庭教育来判断的。中国自古以来便有小孩子满月抓周的习俗,人们认为抓到什么长大以后就能做与所抓之物对应的事情,其实,光靠抓到什么来判断的话,那么"抓周"的可信度确实是很低,但是如果孩子抓到某一样东西,譬如说笔,而在他的幼年时期,父母便有意地朝着文学方面去培养他,这个时候,"抓周"便有了一定的可信度,这是因为,一个人在幼年时期学到的东西更容易影响他的一生。吴作人小的时候,因为家里穷,没办法和两位哥哥一起上学,因此吴作人辍学在家。而在他辍学在家的时候,母亲和祖母为了维持生计,不得不糊火柴盒出去卖,每每这时,她们便将吴作人关在阁楼上背诵《诗经》《离骚》《论语》《孟子》等蕴含着博大精深的传统文化的古籍,即便当时的吴作人并不能够很清楚地明白他背诵的文章是什么意思,但在潜意识里,中华优秀传统文化已经深深地印在他的骨子里了。所以这就不难解释，为什么兜兜转转很多年之后，吴作人最终还是觉得只有中国的传统绘画才能淋漓尽致地表达他内心的情境。

但是只有中国传统文化的熏陶还不够，这还不足以引起他在晚年的艺术升华，造就这一结果的主要原因还是他在过去许多年中的经历。他在青年时期因为母亲与祖母的关系，学习过一段时间的属于工科的建筑学，那时他接触了物理、生物等多个领域的知识。随后他又独自一人前往欧洲求学，在欧洲，他接触到了欧洲传统绘画，也接触到文艺复兴时期各种学派的画作，同时又在恩师巴思天教授的严格要求下，掌握了西方传统绘画的基本功。回国后，他果断地走出斋轩，驰骋在大西北广袤的天地间，见识到令人叹为观止的中华民族文化艺术。之后的许多年，他不仅在国内的不同地方写生，也跟随文化团体前往外国学习、写生。半个世纪以来，他纵以探索继承，横以借鉴革新，不断地丰富了自身的学养。他既有渊博的知识又有精湛的技艺，既有多样的才华又有坚持的韧劲儿，既有坎坷的人生经历又有一颗上下求索的心，以上种种都为他的创作提供了深厚的文化底蕴以及丰富的实践经验。得益于此，他的绘画生涯才能够在晚年迎来升华，开创出兼具民族特色与个人特色的现代美术风格，享誉国内外。

可以毫不夸张地说，吴作晚年创作的中国画，完全冲破了传统中国画的束缚，他甚至将传统文化中的道家和儒家思想加入创作之中，使他的作品更多了一种浪漫的气质。其中"道孚中庸"的思想，促使他的作品寓教化于清雅，底蕴浑厚而又不疏于抒情写意，更加凸显了中华民族独具的深厚而又源远流长的情感。

尽管如此，吴作人仍然不能满足，他的脚步从未因为其他人的评头论足而停下过。他依然坚持年轻时提出来的"艺术体现人的灵魂，不能脱离人生"的艺术理念，常常深入一个地区去写生。那时候他格外地珍惜能够画画的时间，不

吴作人作品《牧驼图》

管走到哪里，都要带上自己的画笔和速写本，见到可以入画的景物便挥手作画，为自己的创作积累了大量的素材。为了利用时间专心绘画，他甚至在自家的门口贴上了谢客通告，他还跑去刻了一枚宪章，上书"假我数年"。不用我多说，单是看吴作人的种种行为，便知当时的他是有多害怕自己突然有一天不能画画了，但是又因为知道迟早会有那么一天，所以格外地珍惜眼前的每一分每一秒，这其实是一件挺让人心酸的事情。

"假我数年"，假如再给我数年时间！吴先生啊，他是真的，打心底喜欢画画，所以即便已经画了一辈子，他仍然没有画够。

第三节
文化交流

1978年后,随着改革开放政策的实施,中国与世界上其他各个国家的交流愈发频繁起来,其中发展速度最快的当属文化交流。

前文提到过,无论是在国内,抑或是国外,吴作人都是久负盛名的,因此很多国家的政府部门、大学或者是社会团体都想要邀请吴作人到他们的国家去访问,或者办个人画展、讲学,从而有进一步与吴作人接触学习的机会。吴作人十分乐意做这样的事情,因此在每每接到其他国家的邀请时,吴作人便会带着自己的妻子欣然前往。除了进行有关美术上的交流,他也希望能在晚年的时候带着萧淑芳到处走走看看,似乎这样更像"神仙眷侣"。

吴作人作品《戈壁牧野》

  1980年秋，吴作人和萧淑芳访问阿根廷，参加首都布宜诺斯艾利斯建城400周年纪念活动，同时与阿根廷进行了有关美术的文化交流。同年，他创作了《金鱼》《池趣》《长空》《河西牧驼》等中国画作品，其中《金鱼》至今仍被存放在人民大会堂当中。他写的《客有问——谈师造化，夺天工》一文，发表在期刊《美术研究》上，他在其中详细地解释了"师造化，夺天工"的深刻含义。所谓"师造化，夺天工"即是吴作人在20世纪20年代提出的"要到社会中去认识社会，在自然中找自然……亲尝水之深，火之热，醉山海明晦之幻，慑风雷之震，悚呼号之惨，享歌舞之欢狂"。到了80年代，他又重申并延伸了该理念的意义——"我们的艺术从现实中来，从自然中来，这天地是很广阔的，我们应当做自然的'儿子'，但不要做自然的'孙子'。"舍内画家应当做自然的儿子，自然是艺术的母亲，只有直接吸吮母亲的乳汁，才能得到最丰富的营养，创作出最好的作品。

  1981年春，吴作人夫妇接受澳中理事会的邀请，前往澳大利亚进行文化访问。这一年中，吴作人创作了中国画《戈壁牧野》《天湖泻瀑》《双玄鹄》《雄鸡》

吴作人作品《青海之滨观舞》

等,其中《戈壁牧野》被放置在中国驻美国大使馆内。

1982年,吴作人应邀率领中国代表团前往法国参加在巴黎举行的"中国现代艺术展览"开幕式,他创作的《藏原放牧》也参加了展览,并一举夺下金奖。同年,朝华出版社为吴作人出版了的第三本画集,其中囊括了《青海之滨观舞》《千里云山》《树熊》《六朝松》等具有中国传统绘画韵味的油画和吴作人在晚年时创作的水墨画。

1983年的上半年,他几乎都待在云贵高原写生,云贵高原亦是一个神奇的地方,那里的景色十分壮观,吴作人甚至都不舍得回来了!同年,应美国埃德加·斯诺基金会邀请,吴作人和萧淑芳到密苏里堪萨斯大学的艺术系讲学。在美期间,吴作人应聘为密苏里堪萨斯大学的客座教授以及奈尔逊·阿特金艺术博物馆客座中国部高级研究馆长,随后在华盛顿等地方多次举办画展。

1984年,吴作人夫妇二人受到邀请,前去日本举办"吴作人、萧淑芳中国画展"。同年,法国政府和文化部将艺术文学最高勋章授予吴作人,授予仪式于次年在北京的法国驻华大使馆举行。随后,吴作人受聘成为中国残疾人福利基金会名誉理事、中国大百科全书总编辑委员会委员、中国友谊出版公司名誉董事长；在上海科学教育电影制片厂的邀请下，吴作人参与摄制影片《吴作人的艺术》；这一年中，时隔多年未创作油画的吴作人创作了一幅大型油画作品《油田的早晨》。

1985 年，吴作人分别当选为中国美术家协会主席、全国人民代表大会常务委员会欧洲议会组副主席、中国人民对外友协国际和平年中国组织委员会委员、中国国际文化交流中心理事。这一年，吴作人回到了自己的老家，此处所说的老家是指吴作人的祖籍安徽泾县，他在那里参加了全国油画艺术讨论会，会议结束之后，他返回茂林村去探望老家的亲戚朋友们。同年，他一个人设计了《六艺》壁画画稿，并与李化吉一起完成了壁画的创作。

1986 年，文化部、中国文联、中国美术协会、中央美术学院、中国美术馆联合举办"吴作人艺术活动六十周年纪念活动"。3 月，吴作人担任团长一职，率中国文联代表团前往日本祝贺中日文化交流学会成立三十周年；4 月 30 日，在中国美术馆举行"吴作人画展"；7 月，吴作人再次担任团长一职，率领中国文联国际和平年代表团赴新加坡举办"文化交流画展"；10 月，为纪念中国与比利时建交 15 周年，吴作人与萧淑芳前往比利时进行访问，参加在安特卫普和布鲁塞尔举行的"吴作人、萧淑芳中国画展"。同年，吴作人又创作中国画《世上奇珍》，国家主席李先念将这幅画赠给了英国的菲利普亲王；1984 年，由上海科学教育电影制片厂摄制的影片《吴作人的艺术》被改编成为中、英文版画册《吴作人的艺术》。

1987 年，受到法国外交部艺术活动协会的邀请，吴作人与萧淑芳前往巴黎塞努希博物馆参加"吴作人、萧淑芳画展"开幕式，并在那里进行了参观与访问。随后，夫妇二人为旅法华侨举办的"救援中国北方火灾书画义卖"活动，捐出书法作品五幅。同年，吴作人又在天津举办了一场"吴作人画展"。

1988 年 2 月，鉴于吴作人对中国和比利时的文化交流做出的贡献，比利时

吴作人作品《千程进发》

国王授予吴作人"王冠级荣誉勋章"。比利时驻华大使韦朗斯·巴克兰特代表博多安一世国王将王冠级荣誉勋章颁发给吴作人。颁发荣誉勋章时,韦朗斯·巴克兰特对吴作人说:"您是在学习研究并精熟地掌握了西方绘画的形神及技法之后,返回到您的根基——中国绘画上来。我和您的朋友都认为,早就名声显赫的您,是在重新返回您的根基作中国画之后,声望与日俱增。您被誉为最优秀、最伟大、最杰出的大师。"韦朗斯·巴克兰特不愧为外交大使,这段话说得可谓是十分巧妙,他虽未曾明示,但对于那些来参加这个隆重的场合并且十分熟悉吴作人的经历的人来说,都能通过他的这番话想起吴作人曾经在比利时皇家美术学院读过书、得到过许多教益。

同年3月,香港中华文化促进中心邀请吴作人夫妇到香港举办"吴作人萧淑芳画展",画展结束后,夫妻二人参加了香港中华文化促进中心组织的艺术交流活动。回到北京后,吴作人当选为中国人民政治协商会议第七届常务委员会委员。同年,在著名物理学家、诺贝尔奖获奖者李政道教授的邀请下为"二维强关联电子系统国际会议"绘制会标《太极图》,后来这幅图成了北京正负电子对撞机的标志。

1999年,由吴作人倡导、海内外知名人士发起的吴作人国际美术基金会在北京成立，吴作人将自己的作品捐给基金会。这一年中，吴作人创作了《金尘漠漠迷天处》《千程进发》《地远天高》等中国画作品。人民出版社随后出版人物传记《吴作人》，在社会上引起了不小的轰动。

1990年2月，吴作人应廖静文的邀约为徐悲鸿故居陈列馆题匾名。3月，为"中国风情油画艺术展"题名，并将自己的画作《海上油田》送去参展。在以日本艺术大师东山魁夷先生的名字命名的美术馆落成时，吴作人赋诩并书"两岸衣带水，巨匠慕圣师；功德馨千万，垂杨碧万丝"。5月，蔡若虹先生从艺六十年之际，吴作人书"仰名廿载，同舟卅年；老当益壮，飞马挥鞭"以示祝贺。6月，北京举行第十一届亚运会，吴作人作画《奔腾齐进》赠予亚运会。8月，正逢邓小平生辰，吴作人书《寿比南山》庆祝邓小平大寿。同年，四川美术出版社出版《吴作人画传》，这本画传是中国当代美术家系列画传之一。

从20世纪80年代初到90年代初，吴作人和他的夫人萧淑芳共参加大大小小的访问、讲学、画展近百场，足迹遍布十几个国家。这些活动很大程度上促进了中国与其他国家的文化交流，对中国的改革开放来说，这些活动具有十分重要的现实意义。

其实，因为长时间的奔波，当时吴作人的身体状况已经不怎么好了，连平时走路、过马路，都是萧淑芳紧紧地跟在他身边搀扶着他，他才能走稳。到后面几场的交流活动时，吴作人完全是靠着意志力在支撑着自己。

我之前便说过，吴先生不管做什么，都能够狠狠地牵动起大家的心，给大家以感动。虽然他也是一个十分耿直的人，但是他的耿直也多数是为别人，而不是为自己。他真是一位可爱的人啊！

吴作人作品

第四节

西藏情缘

　　吴作人与西藏之间的缘分,既深又浅。说它深,是因为从 20 世纪 40 年代到 90 年代,吴作人与西藏之间,始终有所羁绊;说它浅,是因为吴作人想见它时,它不让吴作人见,等到它让吴作人见时,吴作人却没办法与它相见。

　　吴作人与西藏的情缘,始于 20 世纪 40 年代时的祖国西部之旅。从 1943 年到 1945 年初的两年时间里,他先后两次深入祖国的西部地区,对博大精深的中华民族文化进行了艰难而又珍贵的追寻和探索。

　　前文有提到过,吴作人第二次西行时,准备将第二次西行的目的地定为西藏,但是当时西藏尚未实现和平解放。吴作人只得将目的地改为了四川康定。第二次西行时,在康定住了长达八个月之久。在康定,他与藏族人民同住在一顶帐篷,同饮一壶酥油茶,对藏族文化进行了一番深入的考察与探究。

那次西行,对于吴作人来说,唯一的遗憾便是未能踏上青藏那片神奇的土地。但是他转念一想,以后还有很多时间,以后再来西藏写生也不算迟。只是,吴作人无论如何都想不到,仅这一次的遗憾,便成了他一辈子的遗憾,一直到逝世,吴作人都没能踏上西藏的土地。西藏和平解放前,吴作人是不能去,而西藏和平解放后的数年间,吴作人因为繁忙的绘画工作和教学工作,以及其他种种原因,导致这个愿望到最后都未能实现。

吴作人一生创作了许多反映藏族人民淳朴生活的画作,他似乎对藏族文化、藏族人民以及西藏都怀着一种很特殊的情感,这种情感跟他去别的地区写生时产生的情感完全不同。据吴作人的女儿萧慧回忆说,吴作人经常挂在客厅的一幅油画名叫《打箭炉少女》,画的是一位藏族青年妇女。还有那幅《藏茶传》,吴作人也特别中意,那幅画是反映西藏人民生活和劳动的时代性强、人民性强的艺术珍宝。吴作人一生钟爱的牦牛题材,也是来自于藏族。他认为牦牛给人的那种力量与西藏人民给他的感觉是一样的,因此牦牛是最能反映西藏人民身上的那种韧劲儿。他还画了许多反应藏族人民生活的油画,如《乌拉》《青海之滨观舞》《雪山牦运》等作品。

1951年5月23日,中央人民政府的全权代表和西藏地方政府的全权代表在北京签订了《中央人民政府和西藏地方政府关于和平解放西藏办法的协议》(简称"十七条协议"),西藏彻底宣布和平解放。

吴作人在北京听说这个消息时,亦是难掩激动之情,他当即创作了一幅名为《农奴翻身得解放》《藏春图》等绘画作品。创作这些作品时,吴作人早已经开始将中国绘画传统中的线条以及"擦""皴"等艺术手法融合进西方油画中了,而且此时的他在中国学派油画上的钻研也初见小小的建树,因此画出来的画非常具有艺术特色。

Wu Zuoren 吴作人

吴作人作品《远瞩》

后来的很多年里，吴作人一直关照和扶持藏族文化艺术，呼吁年轻人走进西藏、扎根西藏、研究西藏。因此，吴作人鼓励韩书力留在西藏的事情，一度成为美术界的佳话。

韩书力，1948 年生人，现代画家、一级美术师，现任全国政协委员、中国文联委员、中国西藏文化保护与发展协会常务理事、中国美协理事、西藏文联主席、西藏美协主席、西藏书画院院长。

韩书力从小便喜欢绘画，所以初中毕业之后，他毫不犹豫地选择进入中央美术学院附中学习。1969 年，在他即将要毕业时，他仍然沉迷于绘画中无法自拔，可一股"上山下乡"的潮流忽然席卷而来，将他带到了黑龙江畔，成了北大荒生产建设兵团中的一名农工。虽然工作辛苦，但是韩书力从来没有怨言，唯一让他心生苦闷的事情便是他不能专心致志地画画了。

几年后，中央美术学院附中的一位老师说有一份去西藏协助当地的西藏民族宫办一场展览的工作，工作时间是半年，问他愿不愿意去。当时韩书力刚刚二十五，所谓"初生牛犊不怕虎"，他什么都没考虑便答应来了，甚至都没考虑去西藏之后自己的身体是否能适应，便从祖国的大东北跑到大西南。

藏地的景观、藏地的人民以及藏地精神深深地吸引了韩书力。他工作起来十分卖力，后来由于他在工作上的出色表现，他被正式调到西藏展览馆工作。这份工作最让他满意的便是可以专心搞美术创作，这样一来，韩书力简直觉得自己的梦想就快实现了！

作为身在西藏的一名文艺工作者，韩书力十分希望无论是在身份上还是在心态上，自己都能得到藏族同胞和藏族文化的认可和接纳。当时的韩书力只想找到一种心落地了的感觉，而不是时刻悬浮在半空中，没着没落的。因此，韩书力经常借着各种机会深入西藏各地写生、拍照，得以广泛地接触西藏特有的宗教与民间艺术，让自己更快地融入这片土地。

在这期间，韩书力以西藏为题材创作了大量作品，仅 1979 年这一年，他便先后完成了《喜马拉雅晨曦》《毛主席派人来》等作品。其中《喜马拉雅晨曦》被选为人民大会堂西藏厅的正厅屏风画，由吴作人负责其上的题篆工作。

于是在1979年，韩书力与吴作人一起负责北京人民大会堂西藏厅的正厅屏风的绘画工作。韩书力从来没想过自己能有机会见到这位传奇般的人物，内心十分激动。吴作人的地位太高，以致韩书力不太敢同他讲话，但是长时间相处下来，韩书力发现吴作人是一位特别慈祥的长者，于是便放开胆子了，什么都跟他聊，包括他当时在西藏工作的事情。令他意想不到的是，吴作人在知道他在西藏工作的时候，对他越发地赞赏起来。

1980年，韩书力考上了中央美术学院研究生班。他离开西藏去往北京，好多当地人都觉得他不可能再回到西藏了！研究生毕业后，因为他优秀的学习成绩，以及出众的绘画才艺，中央美术学院将他留在学校任教。这一教便教了八个月，做老师是一件很奇妙的事情，自己站在讲台上，而台下是一众求知的目光，每当与这些目光撞在一起时，韩书力便觉得自己身上散发着光辉。但是，自己是不是做老师的那块料只有自己知道。韩书力知道，他不是那块料，他是更适合带着一个课题或者任务去做事情的那么一块料，简单点说，他擅长执行，而不擅长发号施令。最重要的是，在那段时间里，他没画出一幅像样点儿的画，那种痛苦对于他这种打心底里热爱绘画的人来说绝对是别人不能理解的。

韩书力去找了吴作人，跟他说了自己还是想回西藏的想法。他本以为吴作人会阻止他，可是令韩书力特别意外的是，吴作人竟十分支持他走进西藏、扎根西藏、发掘西藏。

于是，韩书力放弃了北京的生活，他毫不犹豫地从北京回到西藏，重新开始做自己的毕业创作，并抽出些时间写论文。韩书力在西藏待了八个月，在那期间，他完成了由四十七幅画作组成的连环画《邦锦美朵》和一篇八千字的论文。《邦锦美朵》取材于西藏的民间故事，反映了苦难的藏民族对幸福的追求。《邦锦美朵》一经问世，便引起了不小的反响，获得无数称赞。先是在创作完成的当年就获得了中央美术学院研究生班创作一等奖,并被中国美术馆全套收藏。随后,又在1984年获第六届全国美展金质奖,1984年在第一届连环画节上获集体特别荣誉奖,1986年获第三届全国连环画创作荣誉一等奖,1987年获《连环画报》首届金环奖绘画一等奖……

韩书力其实有很多的机会离开西藏,离开西藏他也许会有更好的发展,甚至有可能去国外发展,但他没有这样选择,因为他知道他是离不开西藏的。

为什么这么说呢?韩书力曾有过离开西藏一年半的时候,但那一年半的时间,让他感觉特别痛苦。

那是1989年前后,韩书力两度应邀赴法国举办个人展览,他还受邀在巴黎高等美术学院、美国马里兰州立艺术学院讲学。只是在巴黎的生活与之前在北京时的生活一般无二——他无法创作出一幅令自己满意的作品,他说:"住了很长时间以后,我才有一种真实的切身的感受,是什么呢?我觉得就像一棵苗被拔了根,又换了土一样的无着无落。我在巴黎一年半时间,觉得一张正经东西都没画出来,这时候,我才觉得我不能离开西藏,或者说我离不开西藏了,那个时候才觉得什么叫魂牵梦绕。我尽量思索西藏文化和一些西藏比较美好的事物,尽量把它表现出来,我发现苍白得很,单薄得很,甚至最后我都觉得有一种作伪的嫌疑。我不能再继续待下去了,我必须要回来。"

正是因为尝过了那种如同被拔了根、换了土的枯草一般的痛苦,所以韩书力意识到了西藏的存在对于自己是一种什么样的意义——有它在,他便思如泉涌;它不在,他便连画画的能力都失去了。也正是因为这种痛苦,韩书力知道了自己对西藏的了解是远远不够的。

回到西藏后,韩书力重新整理思绪,他觉得他首先要做的事情便是好好地了解西藏,于是他放下画笔,一头扎进西藏的山山水水之中,在无可名状的大自然魅力之前,韩书力找到了自己一直想要寻找的东西——善取不如善舍。

此后的十年里,韩书力不断地汲取西藏地区的民间艺术,并用心加以消化,过去许多年中韩书力对藏族自然与人文环境的热爱与关注,终于在艺术创作上得到了回报。当韩书力重拾画笔后,展现在人们眼前的,是与以往"韩画"迥然不同但又让人感觉熟悉的画作,韩书力的创作达到了一个与原来相比更高的境界——清新、雅致,纯粹、简约。

纵观这些年来韩书力的成名作或是获大奖的作品,无一例外的都是以雪域高原为创作题材的画作。如果说以前韩书力创作出来的作品中"西藏影响"是无处不在的,那么,从"善取不如善舍"进入韩书力的思想深处开始,韩书力的画便已经是自成一体了,西藏已不再是唯一的表现,在古老的部族文明、宗教文明与现代文明之间,韩书力的画已经接近了一种出入自如、浑然忘我的境界。

这就是吴作人与韩书力、韩书力与西藏的故事。

再说回吴作人,吴作人在西行时,曾在康定师院进行过一番演讲,演讲时他说,他认为地处祖国边疆地区的藏族文化以及艺术成就远没有受到重视,呼吁广大中国有志青年到边疆来,为发展边疆文化下一番功夫。

而他,先给大家做了榜样。西行回去之后,吴作人一直致力于将中华民族的传统文化融入自己的画作中去。他先是开创了一个中国学派油画的先河,随后又完全放弃现有的成就,转而去潜心研究一个自己完全陌生的领域,最终通过孜孜不倦的探索,他终于开辟出了一条新道路。

改革开放以后,吴作人与十世班禅大师接触过几次,他们两个人一起不遗余力地推动西藏艺术的发展,他还专门为班禅大师创作了《九牦图》,挂在大师的办公室中。

1990年,西藏美术协会和韩书力一起向吴作人发出邀请,希望他能够担任油画《金瓶掣签》的艺术顾问。当时,吴作人正是病重期间,但是基于他对西藏、西藏文化和西藏艺术的特殊感情,以及想要尽自己的最大努力给西藏画家们的创作提供一些有益指导的梦想,他便应了下来。这是吴作人生前的最后一次艺术活动，他去世时，百幅新唐卡尚未制作完成，不过藏族的美术家们，不忘他的关怀，最终还是在《金瓶掣签》上署上了他的名字。

吴作人与西藏素未谋面，这是一个缺憾，然而在最后，百幅新唐卡中的《金瓶掣签》署上了吴作人的名字，多多少少是弥补上这个缺憾了！

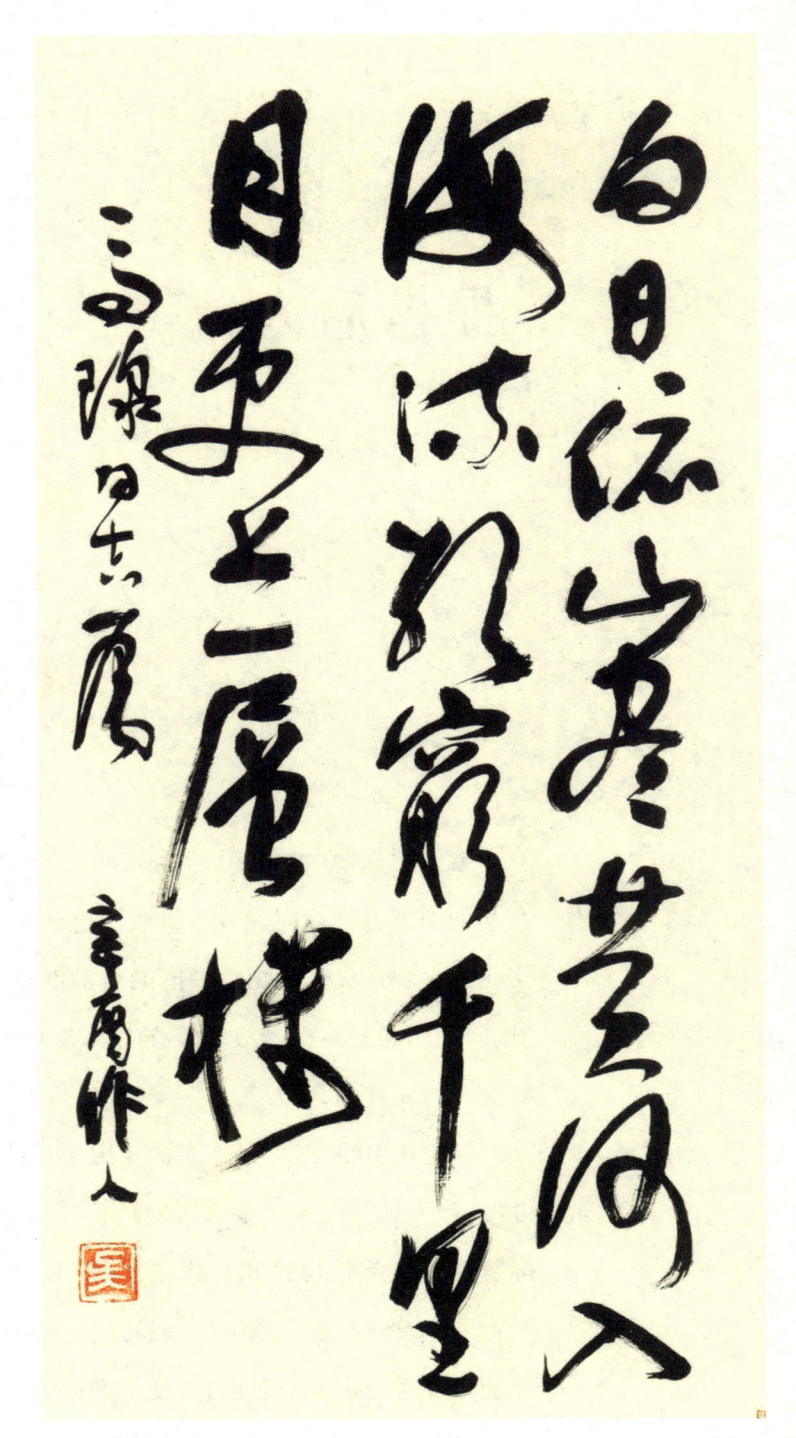

白日依山尽,黄河入海流。欲穷千里目,更上一层楼。

王之涣《登鹳雀楼》辛酉作人

第五节
提携后人

吴作人从20世纪80年代初期到90年代初期几乎都在其他国家进行访问、参观、讲学。通过对其他国家的传统文化的参观，吴作人觉得中国的美术事业需要有进一步的发展，而中国的对外开放政策亦需加大力度，让中国的文化被更多的人看到、学习。

因此在1988年，吴作人决定用自己的个人的名义，创办"吴作人国际美术基金会"，经过长时间的储备，吴作人国际美术基金会于1989年正式成立。

吴作人创办这个基金的宗旨是奖励和资助海内外华人及华裔优秀美术家从事创作、交流和研究工作，并推动相关的美术活动。活动要以促进中国美术事业的发展为第一出发点，同时弘扬优秀民族文化。

有人曾问起吴作人创立这个基金会的初衷是什么，吴作人说："我是过来人，深知在艺术的道路上有许多艰难困苦。我愿以自己的劳动筹集资金，为后来者提供一些机会和创造一些条件。"

基金会成立的一年时间里，取得了不小的成果。基金会的基金奖励了诸多青年美术家、优秀的美术教师以及美术理论家，成就了很多在美术方面有才华却壮志不得酬的人。因其基金会的设立，具有十分重要的现实意义，而且确实帮助到了很多人，所以得到了社会各界人士的一致好评。

吴作人

1991年2月，吴作人国际美术基金会刚刚成立一年有余，正是前景大好的时候，令人痛心的是，在此时，吴作人患病住进了医院，而他即便是在生病期间，也仍然坚持关心和指导基金会的工作，尽自己最大的努力让基金会顺利地运作下去。

吴作人生病之后，萧淑芳一直陪伴在他的左右，无微不至地照顾他。为了更好地照顾吴作人，她再也没拿起过画笔，将所有的经历都放在了吴作人的身上。

1991年4月，北京电视台播出大型电视系列片《文化人物》中《吴作人》一片；7月，吴作人所作三十余幅作品参加中央美术学院第二届"名师足迹"画展。同年，天津人民出版社出版《吴作人速写集》，香港新闻出版社出版传记《吴作人》。

1993年，吴作人荣获法国国家艺术学会双年大展"最杰出中国画家作品特别奖"。

1994年，古吴轩出版社出版《吴作人艺术馆藏品集》。

141

1995年，吴作人被推举为中国民主同盟参议委员会副主任。同年，《吴作人作品集》由辽宁美术出版社出版，全书分为油画卷、中国画卷、素描速写水彩卷、书法诗词卷共四卷内容，全面地展现了吴作人这一生的艺术成就。

1996年11月，吴作人病情恶化，出现大面积脑梗塞，随即被送往医院抢救。也是这一年，吴作人国际美术基金会举办全国美术院校师生速写巡回展和学生优秀速写作品评选。人民美术出版社出版了《吴作人·中国近现代名家画集》，台湾麦克股份有限公司出版了《吴作人·巨匠与中国名画》。

1997年4月9日，在失去自主能力六年多以后，吴作人离开了人世。

吴作人的追悼会在4月30日举行，前来为他送行的人，有党和国家的领导人，有美术界及社会各界的知名人士，有亲人、朋友、学生……

吴作人这一生有过苦难，有过幸福；受过赞誉，亦受过冤屈。

无论是什么，都将随着他的离去而一起散去。

撇去万千浮华，他不过是普通人一个，亦想过普通人的生活。

我们该做的，是将他留下的东西永生铭记，然后，祝福他的离去。

第六章 巨匠之风

JUJIANGZHIFENG

他的作品与思想，丰富了20世纪的美术文化，对20世纪中国绘画艺术的开辟与发展都起到了重要的推动作用。

第一节

水墨画家

1987年，吴作人的作品在巴黎塞尔努希博物馆展出，博物馆馆长比埃尔·若斯向媒体发表评论，评论中写道："人们提到有关艺术发展问题，只感到中国艺术的长期传统，似乎所有的创造都属于过去的！吴作人在塞尔努希博物馆的画展，给我们加上了足以证实带启示性的副题——'现代化的水墨画'。他写天空、地远、水的浩渺，表现辽阔的暗示手法，突破时空的观念，给生命的境界以沉默深思。当他描写穿过戈壁沙漠的旅队；当他处理骆驼、牦牛、熊猫，他超越了动物本身的形态，为我们的周遭建立起联系，调节我们在地球上的旅程。他的风格化的方法推进到突出事物的永恒的特性，因为画面上占有优势的空白，让内在的共鸣胜过声源的本身。"

这就是吴作人晚年时期的中国水墨画：乘一总万，举要治繁；独照之匠，意在笔先；流畅厚重，清明腴润。

若是将吴作人在20世纪50年代所作的水墨画与他在80年代所作水墨画做一番比对，则可见其差别，用"大相径庭"一词形容，并不过分，毕竟其间相隔长达三十年的钻研，怎可同日而语？

吴作人作品《大漠》

吴作人一生，青年时学习油画，中年时钟情油画与水墨画，到了晚年时纵情水墨画，能在两种孕育于不同的文化背景的绘画风格中转换自如的，怕是唯有吴作人一人。

然而，历历五十年，吴先生用了近半个世纪的时间方才完成这种转换，个中艰辛、困难，岂是外人所能轻易想象、理解的？

在不断地对中华民族的古文化探索的过程中，吴作人越发感觉到，中国画反映生活的功能比油画更加概括，虽不强调准确的造型，色彩运用亦趋向单纯，但含蓄的表达中似乎孕育着可雄辩的民族文化和力量。"能寓绚彩于墨韵，寄激情于无声,更易抒发作者对生活的感受和向往。"这是吴作人的创作开始向中国画方向转型时,他说的话。

在最初吴作人准备转型时,便已经将今后的路思量清楚了,最重要的,是如何掌握那种民族性,为此,他曾深入到数十座城市进行写生活动。先是在20世纪40年代完成西方油画到中国学派油画的转折,再用50年代以后的时间去完成中国学派油画到中国水墨画的转折。

初涉中国水墨画的创作时,吴作人便深知注重文化素养的重要性。细数自魏晋南北朝以来,以水墨画著称的画家,大多注重文化修养,修养程度是深是浅,流露到水墨画中一眼便能有所辨别,只有将广泛而博深的学识赋予艺术,方才能体现出学术性和书卷气的大家风度。

因着少年时和青年时的经历,吴作人的学识修养根基深厚,且涉略各个领域。论东方,可填词作诗,可吹斑笛、弹二胡,又博通昆曲、苏州评弹;论西方,精于西洋古典音乐,又深知西方传统文化。加之多次对民族文化探索的经历,吴作人思想开化,性格豁达,胸怀广阔,不拘泥古板,善触类旁通。以上种种,皆为他的中国水墨画创作提供了一个坚实的基础。

但是相较于以上种种,吴作人更偏爱书法,在他看来,书法与水墨画之间,有着异曲同工之妙,皆以墨为主,只是形态有所差别而已,练书法可练笔墨。他曾说:"对中国画来说,我觉得练书法也是一个重要的辅助基本功。有书法基础,我们才会充分发挥中国毛笔的性能。""古人称'书画同源',历来有各种解释。我的体会是:通过'书'来掌握毛笔的作用,学会下笔造形""我们在练书法时,一笔下去就要出现一个形象,尽管它是抽象的,不是现实的形象,但它是一笔出现一个形象,我们如果掌握了书法的规律,把它运用在绘画上,来再现自然的东西、形象、面貌,这就继承了中国传统笔墨,又丰富了中国画的造型……如果不懂得中国书法的用笔,他也能画,但画里传统笔情墨趣都表现不出来。"
"外国画家也用毛笔,但不知道中国书法如何行笔,如何用指、腕、肘,所以在绘画上不会体现用笔如行云流水、枯润相得、阴阳浓淡、转折顿挫、宜行宜止、挥洒自如的国画笔墨所独具的风格。这种风格所以独到，没有书法功夫是发挥不出来的。所谓'意在笔先''胸有成竹''神来之笔'，都是长期反复实践，加上多方面（本专业以外的）修养的结果。"

因此，自 20 世纪 50 年代，吴作人准备将绘画重心转移至中国水墨画开始，书法便成为他每日的必修课程。吴作人在书法方面亦有其基础所在，十六岁在苏州工业专科学校读书时，便每天与同学一起早起练习写字，只是那时的练习以颜体、楷书为主，而之后则多以行草为主。1962 年后，吴作人患上一场大病，他利用修养身体的那段时间，自主学习多重篆体，包括《毛公鼎》《石鼓文》《散氏盘》《三公山碑》等。后期吴作人的书法练习得可以说是炉火纯青，下笔为中锋，运笔时巧拙共用，写出来的字既流畅圆润又沉稳浑厚，颇有两晋、隋唐之风。在书法上有一定的造诣之后，他逐渐有所感悟，取行草之流畅，融楷篆之厚重，入画后则别有一番笔墨韵味。

除练习书法之外，吴作人仍然坚持速写。早在欧洲留学时，吴作人的速写

吴作人作品《漠上》

能力便通过自由画院每天三个小时的速写锻炼出来了。因为速写是画家创作的第一手素材,所以速写对形的要求十分严格,若是速写时不能准确把握住绘画对象的"形",那么将会影响后期的创作。外出写生过程中,吴作人的手几乎不停歇,凡物皆可入画。20世纪50年代时,吴作人在中央美术学院时,曾组织过速写晚会,名叫"十张纸斋",名字表达得十分清楚,即每人在晚会期间需创作十幅速写。那时吴作人将毛笔和炭精笔共用,毛笔画出来的东西的造型感会被炭精笔加强,而毛笔则给炭精笔画出来的东西增添了几分写意的味道。而现在,他会经常用方棱炭,因为在皴擦之间,更能够表现出中国画的韵味与情感。

吴作人针对中国水墨画的长达三十年的研究,其成就大致可分为三个阶段:20世纪50年代的初步接触中国水墨画时期;60年代到70年代的一边探索一边修正时期;80年代的升华时期。

20世纪50年代时,吴作人初涉中国水墨画,外面并未流传过他的作品,据说那个时期吴作人创作的水墨画仅留给自己或送给朋友,鲜少展示在世人面前。

最早见到吴作人创作的水墨画,还是

吴作人笔下的天鹅

在 60 年代以后。他将西行过程中所见的牦牛、骆驼、熊猫、藏羚等动物作为描绘对象，创作了多幅水墨写意画。

那时候他的中国水墨画，便已经大有"乘一总万，举要治繁""独照之匠，意在笔先"，以及"流畅厚重，清明腴润"的气势了，随着作品渐渐地流传出来，吴作人再一次震惊了美术界。

所谓"乘一总万，举要治繁"，简单点来说，就是给笔下的对象做减法，但这与对即有对象做减法完全不同，准确地说，它是在画家对即有对象的形象有足够深入的了解之后，对其进行二次创造的过程，在二次创造时，减掉其形象中多余的部分，只保留主要部分，但也要保证减法做到了恰如其分，也就是平常所说的"简洁但凝练"。就如吴作人所说："要知道怎么画，还要知道怎么不画。""怎么画"研究的是技术范畴之内的东西，而"怎么不画"，则上升到一位画家是否有对艺术高度概括的能力上。吴作人通过对传统文化中"简"的含义的深刻理解，经过长期的实践后，方才总结出这一绘画风格，吴作人笔下的对象，用笔十分精简，但寥寥数笔下来，形神俱全，栩栩如生。譬如他画金鱼，从腹部画到左尾翼，只需要一笔，通过控制画笔上的水分、运笔顿挫、下笔轻重来表现金鱼的"形"。这对用笔的技巧有极高的要求，而吴作人能够如此精通用笔，跟他苦练书法有着密切的关系。这不是一蹴而就的结果，而是经过长时间锻炼后的积累。

"独照之匠，意在笔先"，这一点是中国画创作的核心，在过去很长一段时间之内，因为求简，导致运笔后不能表现出足够的"意"，而吴作人在作画时，特意在这一方面上下了许多功夫，只求意趣饱满充实，形像神更相像。在他看来，若是神不在，或形神有所出入，又如何能称为"写意水墨画"？形即为实，神即为意，他们互为彼此的升华，缺一不可。

"流畅厚重，清明腴润"着重强调的是他在运笔方面的技巧，前两种更注重画家的主观创作能力，那么这一点，则完完全全取决于技巧，毫无偶然所言。吴作人创作的水墨画有只白、黑、灰三色，色彩单纯，层次亦简洁鲜明——纸色为

百年巨匠
Century Masters

吴作人笔下的金鱼

白,"淡墨为灰"起过渡之用,"浓墨为黑"用以塑造艺术形象的最醒目之处。在创作过程中,需随意地在三种颜色中自如转换,这对吴作人运笔的要求则更高,一旦掌握不好力度,便有可能毁掉整幅画。反观吴作人的画作,笔触流畅而厚重,感情充沛而深沉,颇有味道,可见吴作人在这一方面的功夫之深。吴作人曾说:"我的字是画家的书法,而不是书法家的书法,我用绘画的观点写字。"私以为,吴作人的书法与绘画二者是相得益彰,绘画的时候用写,写字的时候用画,二者结合,只会达到交相辉映的效果,形成独特的笔墨风格。

除这三点之外,吴作人的水墨画还有一处是为点睛之笔,即"留白之处入画",吴作人运用他独特的艺术手法,将留白之处入画,以无为有,以空代实,留白之处或为一望无际的天空、草原、戈壁等看不到边际的景物,偶尔几条疏线,便延伸出无边的意境,给人以想象的空间。

吴作人在20世纪80年代创作的水墨画,与20世纪60年代的水墨画相比,"意"更足一些,可以说已经达到了一个更高的境界。此时吴作人因为长期到各个地方写生、探索中国文化的精髓,所以他进一步地在水墨画中融入了"儒家的务实精神与道家的空灵逸气",使他的作品更加具有大家风度。

吴作人在学习到欧洲绘画传统的基础上,又注重尊重本民族的文化,他为了探索中华民族博大精深的文化,几乎踏遍了中华大地,他不拘泥古板,十分懂得触类旁通,他将一生的精力都用在研究如何将西方绘画传统与东方绘画传统恰到好处地融合在一起这个问题上了。通过半个世纪的探索和追寻,终于创造了独具特色的兼并东西方绘画传统优点的艺术风格,并在其中加入了自己用心感受和创造的部分,为中国画传统的继承,起到了承上启下的重要作用。

第二节

艺为人生

法由我变，艺为人生。

"法由我变"中的"法"是一个十分广泛的含义，可以指绘画风格，亦可以指绘画技巧，可以是色彩运用，亦可以是造型，有关于美术创作的大大小小的方面，都可称为"法"。

"艺为人生"即艺术是以人为人民群众为基础的，艺术创作既不能脱离人，也不能脱离社会。

无论法如何变，都不能脱离"艺为人生"。

这是吴作人一生都在遵循的宗旨。

吴作人尚且十几岁时，便已经通过南国社的演剧活动意识到"艺术的社会性"与"艺术的阶级性"了，这两种认识几乎影响了他的一生，让他在没有全面接触美术时便已经牢牢地树立起"艺为人生"的观念。因此,当吴作人来到欧洲,面对各种光怪陆离的美术风格时,他坚定不移地选择了现实主义道路。

吴作人对现实主义的理解,就是写实,记录所有东西最真实的一面。它要求"创作者不能脱离生活",与他认为的"艺为人生"是异曲同工之妙。

细数吴作人的创作生涯,他可是跟着自己的心意,变了很多次"法"呢!

20世纪80年代的吴作人

刚从法国巴黎返回中国后的不长时间,他意识到自己所擅长的弗拉芒派创作不能适应中国人的审美特点,但是他又不知道在中国适合画什么样的画,因此,他决心走出"士大夫的斋轩",驰骋在大西北的广阔天空下,去寻找蕴含着民族文化的、适合中国国情的画作。

经过两次西北之行,吴作人找到了根植在民族血液中的奋发向上的力量与源远深厚的情感。随后他便开始有意识地将中国绘画传统中经常运用的线条,以及"皴""擦"等笔法,融入油画中。其实这个时期,吴作人已经开始在探索中国学派的油画了,他一直力求找到一个平衡的点,能够将西方传统绘画体系中的优点与中国传统绘画体系中的优点恰到好处地结合在一起,并且在此基础上,能够凸显中华民族的文化。

1934年,《齐白石像》横空出世,这幅画被称为是吴作人在钻研中国学派油画时期的巅峰制作,此后的《黄河三门峡》组画虽也不错,却不如《齐白石像》那

吴作人(右)与华君武(左)

般"化"得自然。

在钻研中国学派油画的同时，吴作人还在尝试水墨画的创作。据吴作人回忆，在大量地临摹莫高窟壁画时，他越发地觉得，相较于油画，中国画能够更加有力地表达作者内心的心境，因此在尝试中国学派油画的同时，也在尝试着创作中国水墨画。

20世纪50年代后，吴作人便将绘画的重心转移到水墨画的创作上。他为了能够锻炼自己用笔的灵活性，以及准确地把握住笔下形象的"形"，将练习书法与作速写当作是他每日的必修课。吴作人本身便有着渊博的学识和较高的修养，加之他为画好水墨画而不间断地练习书法及速写，很快他创作的水墨画便有了气势，举要治繁，意在笔先。他笔下的对象，不过三两笔便出其形，至多不出十笔，而提笔运笔之间，通过控制力道而控制水分，从而控制其墨色，浓墨为黑，淡墨为灰，纸色为白，仅白、黑、灰三种颜色，便将形神勾勒得恰如其分，万物皆栩栩如生、跃然于纸上。

从20世纪50年代到80年代，吴作人的精力都放在了水墨画上，他认为，水墨画是一种能够表达中国传统文化之画种，中国传统文化是一辈子都探索不完的，水墨画自然也不是一时半会儿便能探索完的。三十年间，吴作人几乎每年都要外出写生，通过这种方式，他一点一点加深自己对传统文化的理解。正因为如此，所以你能看到吴作人在80年代创作的水墨画中，自然而然地融入了儒家文化与道家文化，寓教化于清雅，底蕴浑厚，却不失抒情写意。

综上种种，可见吴作人自回国后，对"法"的调整的确很大，甚至已然到了背道而驰的地步，然，仔细观察，又可发现，纵然"法"有千变万化，其内涵却始终遵循着"艺为人生"的宗旨——所绘之物、所绘情景皆取材于生活，是以现实生活为原型进行的二度创造。

吴作人这一辈子都只认定了"法由我变，艺为人生"这个路子，在这个基础上，他坚持"师造化，夺天工"，并进一步融入西方绘画技巧、儒家与道家的精神，从而创造出笔简意足、具有独特时代风貌的作品。

他的作品与思想，丰富了 20 世纪的美术文化，对 20 世纪中国绘画艺术的开辟与发展都起到了重要的推动作用。